Do FRACASSO AO SUCESSO EM VENDAS

OUTRAS OBRAS PUBLICADAS PELA RECORD

Como vender o seu trabalho - Joe Gerard e R. Casemore
O maior vendedor do mundo - Og Mandino
O maior vendedor do mundo (2ª parte) - Og Mandino
Os segredos da arte de vender - Zig Ziglar
A universidade do sucesso - Og Mandino
O vendedor-minuto - Dr. Spencer Johnson e Larry Wilson
Os 25 erros mais comuns em vendas - Stephan Schiffman
Os 25 hábitos em vendas - Stephan Schiffman

Frank Bettger

Do FRACASSO

AO SUCESSO EM VENDAS

Tradução de
HAROLDO NETTO

17ª EDIÇÃO

EDITORA RECORD
RIO DE JANEIRO • SÃO PAULO
2022

CIP-Brasil. Catalogação-na-fonte
Sindicato Nacional dos Editores de Livros, RJ

B466d Bettger, Frank
17ª ed. Do fracasso ao sucesso em vendas / Frank Bettger; tradução Haroldo Netto. – 17ª ed. – Rio de Janeiro: Record, 2022.

Tradução de: How I raised myself from failure to success in selling
ISBN 978085-01-03890-6

1. Venda. 2. Vendas – Administraçõa. 3. Vendedores. I. Título.

94-0111

CDD — 658.85
CDU — 658.85

Título original norte-americano
HOW I RAISED MYSELF FROM FAILURE TO SUCCESS IN SELLING

A Hazel, minha esposa,
*cujo encorajamento, orientação e inspiração
encontram-se em cada página deste livro.*

Copyright © 1977, 1949 by Prentice Hall, Inc.
Copyright da tradução © 1992 by Distribuidora Record S.A.
Publicado mediante acordo com Prentice Hall Press.

Direitos exclusivos de publicação em língua portuguesa no Brasil adquiridos pela
DISTRIBUIDORA RECORD DE SERVIÇOS DE IMPRESA S.A.
Rua Argentina, 171 – Rio de Janeiro, RJ – 20921-380 – Tel.: (21) 2585-2000
que se reserva a propriedade literária desta tradução

Impresso no Brasil

ISBN 978-85-01-03890-6

Seja um leitor preferencial Record.
Cadastre-se no site www.record.com.br e
receba informações sobre nossos lançamentos
e nossas promoções.

Atendimento e venda direta ao leitor:
sac@record.com.br

EDITORA AFILIADA

O QUE PENSO DESTE LIVRO
POR DALE CARNEGIE

Conheço o autor deste livro, Frank Bettger, desde 1917. Ele subiu pelo caminho difícil, teve pouca educação formal, nunca terminou a escola primária. A história de sua vida é uma notável história americana de sucesso.

Seu pai morreu quando era apenas um menino, deixando a mãe com cinco filhos pequenos. Aos onze anos, tinha que se levantar às quatro e meia da manhã para vender jornais nas esquinas, a fim de ajudar a mãe viúva, que, por sua vez, lavava e costurava para alimentar a família. O Sr. Bettger me disse que, em muitas ocasiões, ele raramente tinha algo para comer no jantar que não fosse angu e leite desnatado.

Aos quatorze anos teve que deixar a escola; arranjou um emprego de auxiliar de encanador. Aos dezoito tornou-se jogador de beisebol profissional, e durante três anos guarneceu a terceira base dos Cardinals de St. Louis. Até que um dia, em Chicago, Illinois, jogando contra os Cubs, machucou o braço e foi forçado a desistir do beisebol.

Voltou para Filadélfia, sua cidade natal, e, quando o conheci, tinha 29 anos de idade e tentava vender seguros de vida, sendo um fracasso total como vendedor. No entanto, nos doze anos seguintes, ganhou dinheiro suficiente para comprar uma propriedade rural de setenta mil dólares, e poderia ter se aposentado aos quarenta. Eu sei. Eu vi acontecer. Eu o vi sair do fracasso total e ascender à posição de um dos vendedores mais bem sucedidos e mais bem pagos do país. Na verdade, eu o persuadi a se juntar a mim, há alguns anos, e contar a sua história em uma série de cursos de uma semana que eu estava dando, sob os auspícios da Câmara Júnior de Comércio dos Estados Unidos, sobre "Treinamento de Liderança, Relações Humanas e Vendas".

Frank Bettger conquistou o direito de falar e escrever sobre este assunto, pois fez aproximadamente 40.000 visitas de vendas — o equivalente a cinco por dia em mais de 25 anos.

O primeiro capítulo, "Como Uma Idéia Multiplicou Meus Rendimentos e Minha Felicidade", é, para mim, o texto mais inspira-

5

dor que já li sobre o poder do entusiasmo. Foi o entusiasmo que tirou Frank Bettger das fileiras dos fracassados e o ajudou a se transformar num dos vendedores mais bem pagos do país.

Vi Frank Bettger fazer sua primeira palestra em público, cheia de tropeços, e o vi deleitar e incentivar enormes platéias desde Portland, Oregon, a Miami, Flórida. Depois de testemunhar o efeito assombroso que ele produzia nas pessoas, insisti para que escrevesse um livro, relatando *suas* experiências, *suas* técnicas e *sua* filosofia de vendas, exatamente como na tribuna de onde as contara a milhares de pessoas em todo o país.

Aqui está ele — o livro sobre vendas mais proveitoso e estimulante que já li —, um livro que ajudará vendedores, independentemente de negociarem seguros, sapatos, navios ou lacres, muito tempo depois de Frank Bettger ter desaparecido.

Li cada página deste livro. Posso recomendá-lo com entusiasmo. Falam por aí em andar dois quilômetros para comprar cigarros. Pois, quando comecei a vender, teria andado, de bom grado, de Chicago a Nova York para arranjar um exemplar deste livro, se existisse naquele tempo.

POR QUE ESCREVI ESTE LIVRO

Um dia, de modo absolutamente casual, peguei em Nova York o mesmo trem que Dale Carnegie. Dale ia para Memphis, Tennessee, fazer umas palestras.

Ele disse:

— Frank, estou dando uma série de cursos, com uma semana de duração, sob o patrocínio da Câmara Júnior de Comércio. Por que não vem comigo e faz umas palestras sobre vendas?

Pensei que ele estivesse brincando. Respondi:

— Dale, você sabe que não terminei a escola primária. Não posso dar aulas de vendas.

Dale retrucou:

— Basta dizer como saiu do buraco e ascendeu a uma posição de sucesso em vendas. Só precisa dizer o que *você* fez.

Pensei um pouco e decidi:

— Bem, acho que isso eu conseguiria fazer.

Em pouco tempo, Dale e eu estávamos fazendo palestras em todo o país. Dirigíamo-nos à mesma platéia quatro horas por noite, cinco noites consecutivas. Dale falava durante meia hora; em seguida, eu falava outra meia hora.

Mais tarde, Dale disse:

— Frank, por que você não escreve um livro? Muitos dos livros sobre vendas são escritos por pessoas que nunca efetuaram uma única venda. Por que não escreve um novo tipo de livro sobre vendas? Um livro que diga exatamente o que você fez — um livro que conte como você ascendeu do fracasso ao sucesso. Conte a história de sua vida. Ponha a palavra "eu" em cada frase. Não faça preleção. Basta contar a história de sua vida como vendedor.

Quanto mais pensava naquilo, mais achava que parecia pretensioso.

— Não quero fazer isso — falei.

Dale, entretanto, passou uma tarde inteira comigo, insistindo para que eu contasse a minha história, exatamente como tinha feito nas palestras.

Dale disse:

— Em todas as cidades em que estivemos, os rapazes da Câmara Junior perguntavam se Frank Bettger iria publicar um livro com as palestras que fizera. Você, provavelmente, pensou que aquele jovem em Salt Lake City estava brincando quando quis dar quarenta dólares como sinal do primeiro exemplar... mas não estava. Ele sabia que o livro valeria muitas vezes quarenta dólares para ele...

E assim, dentro de pouco tempo, eu estava escrevendo um livro.

Nestas páginas, tentei contar a história de minhas asneiras e erros estúpidos, e exatamente o que fiz para me levantar dos abismos do fracasso e desespero. Quando comecei a vender, tinha dois pontos negativos. Não sabia absolutamente nada sobre vendas. Meus oito anos no beisebol pareciam me incapacitar para qualquer coisa mesmo que remotamente parecida com vender. Se a Lloyds de Londres aceitasse apostas em mim, a proporção seria de mil para um de que eu fracassaria. Eu mesmo não tinha muito mais confiança em mim do que a Lloyds teria tido.

Espero que o leitor faça vista grossa e me perdoe pelo uso do pronome pessoal "eu". Se há alguma coisa neste livro que dê a impressão de que estou me gabando, não foi esta a minha intenção. Qualquer coisa neste sentido só pretendeu ressaltar o que essas idéias significaram para mim, e o que poderão fazer por *qualquer pessoa* que as utilize.

Procurei escrever o tipo de livro que tentei encontrar quando comecei a vender. Aqui está. Espero que seja do seu gosto.

SUMÁRIO

Introdução por Dale Carnegie — O Que Penso Deste Livro	5
Prefácio do Autor — Por Que Escrevi Este Livro	7

PARTE UM

ESTAS IDÉIAS ME SALVARAM DO FRACASSO

1. Como Uma Idéia Multiplicou Meus Rendimentos e Minha Felicidade	15
2. Esta Idéia Me Fez Voltar a Vender Depois Que Eu Tinha Desistido	21
3. Uma Coisa Que Fiz Que Me Ajudou a Destruir o Maior Inimigo Que Já Tive de Enfrentar	25
4. O Único Modo Como Consegui Me Organizar	29
Sumário — Parte Um	35

PARTE DOIS

A FÓRMULA DO SUCESSO EM VENDAS

5. Como Aprendi o Segredo Mais Importante da Arte de Vender	39
6. Acertando na Mosca	44
7. Uma Venda de 250 mil dólares em 15 minutos	51
8. Análise dos Princípios Básicos Usados Para Efetuar Essa Venda	57
9. Como Fazer Perguntas Aumentou a Eficiência das Minhas Entrevistas de Vendas	63
10. Como Aprendi a Descobrir a Mais Importante Razão Para Que Uma Pessoa Faça Uma Compra	68
11. As Duas Palavrinhas Mais Importantes Numa Venda	71
12. Como Descubro a Objeção Oculta	74

13. A Arte Esquecida Que é Mágica Numa Venda   80
Sumário — Parte Dois   85

PARTE TRÊS

SEIS MODOS DE CONQUISTAR E MANTER
A CONFIANÇA DOS OUTROS

14. A Maior Lição Que Já Aprendi Sobre Como Ganhar
    Confiança   89
15. Uma Lição Valiosa Que Aprendi com um Grande
    Médico   91
16. O Modo Mais Rápido Que Descobri Para Ganhar
    Confiança   93
17. Como Conseguir Uma Recusa Sumária!   95
18. Um Modo Infalível Para Conquistar a Confiança   98
19. Como Ter a Melhor Aparência Possível   101
Sumário — Parte Três   103

PARTE QUATRO

COMO FAZER COM QUE AS PESSOAS QUEIRAM FAZER
NEGÓCIOS COM VOCÊ

20. Uma Idéia Que Aprendi com Lincoln Me Ajudou a
    Fazer Amigos   107
21. Passei a Ser Mais Bem-Vindo em Toda a Parte
    Quando Fiz Isto   114
22. Como Aprendi a Lembrar Nomes e Rostos   117
23. A Maior Razão Pela Qual os Vendedores Perdem
    Negócios   125
24. Esta Entrevista Me Ensinou a Vencer o Medo de Me
    Aproximar de Homens Importantes   128
Sumário — Parte Quatro   131

PARTE CINCO

PASSOS IMPORTANTES NA VENDA

25. A Venda Antes da Venda   135
26. O Segredo de Marcar Entrevistas   142

27. Como Aprendi a Tapear Secretárias e Telefonistas	149
28. Uma Idéia Que Me Ajudou a Entrar no Time dos Cobras	152
29. Como Deixar o Comprador Ajudar Você a Fazer a Venda	156
30. Como Arranjo Novos Clientes e Transformo os Antigos em Ajudantes Entusiasmados	159
31. Sete Regras Que Uso no Fechamento de Uma Venda	168
32. Uma Técnica Assombrosa Para Fechar Vendas Que Aprendi com um Mestre	175
Sumário — Parte Cinco	179

PARTE SEIS

NÃO TENHA MEDO DE FRACASSAR

33. Não Tenha Medo de Fracassar!	183
34. O Segredo do Sucesso de Benjamin Franklin	187
35. Uma Conversa Absolutamente Sincera	191

PARTE UM

Estas Idéias Me Salvaram do Fracasso

1 COMO UMA IDÉIA MULTIPLICOU MEUS RENDIMENTOS E MINHA FELICIDADE

POUCO TEMPO DEPOIS de eu ter começado como jogador profissional de beisebol, sofri um dos maiores choques da minha vida. Foi em 1907. Eu estava jogando por Johnstown, Pensilvânia, na Liga dos Três Estados. Era jovem e ambicioso — queria chegar ao topo — e o que aconteceu? Fui dispensado! Toda a minha vida poderia ter sido diferente se eu não tivesse ido procurar o treinador e perguntasse *por que* ele me dispensara. Na verdade, eu não teria tido o raro privilégio de escrever este livro se não tivesse feito essa pergunta.

O treinador disse que me dispensara porque eu era preguiçoso! Bem, isso era a última coisa que eu esperaria que ele fosse dizer.

— Você se arrasta pelo campo como se fosse um veterano que joga beisebol há vinte anos. Por que se comporta assim, se você não é preguiçoso?

— Bem, Bert — respondi —, sou tão nervoso e tão assustado que quero esconder meu medo da multidão, e especialmente dos outros jogadores do time. Além disso, tenho a esperança de que, agindo calmamente, conseguirei me livrar do meu nervosismo.

— Frank — disse ele —, isso não vai funcionar nunca. É uma coisa que está prendendo você ao chão. Seja o que for que vá fazer depois que sair daqui, pelo amor de Deus, acorde e ponha um pouco de vida e entusiasmo no seu trabalho!

Eu ganhava 175 dólares por mês em Johnstown. Depois de ser dispensado, fui para Chester, Pensilvânia, na Liga do Atlântico, onde me pagavam somente 25 dólares por mês. Bem, não podia me sentir muito animado com esse tipo de remuneração, mas comecei a *agir* entusiasticamente. Três dias após, um velho jogador chamado Danny Meehan me procurou e disse:

— Frank, que diabo você está fazendo aqui, numa liga de terceira categoria como esta?

— Ora, Danny — respondi —, se eu soubesse como arranjar um emprego melhor, iria para qualquer parte.

Uma semana depois, Danny convenceu o New Haven, em Connecticut, a fazer uma experiência comigo. Meu primeiro dia em New Haven ficará para sempre em minha memória como um grande evento em minha vida. Ninguém me conhecia naquela liga, de modo que tomei a decisão de que ninguém jamais me acusaria de ser preguiçoso. Decidi estabelecer a reputação de ser o jogador mais entusiasmado que já tinha sido visto na Liga da Nova Inglaterra. Pensei que, se pudesse estabelecer tal reputação, teria que viver de acordo com ela.

Desde o primeiro minuto em que apareci no campo, agi como um homem eletrizado. Atuei como se fosse alimentado por um milhão de baterias. Lancei a bola naquele campo tão depressa e com tanta força que ela quase rachou as mãos dos nossos jogadores das bases. Uma vez, aparentemente sem saída, deslizei para dentro da terceira base com tanta energia e força que o jogador que a guarnecia deixou cair a bola e fui capaz de marcar um ponto importante. Sim, foi tudo um espetáculo, uma representação em que me empenhei. O termômetro, naquele dia, marcava quase 38°C. Eu não teria me surpreendido se tivesse caído com uma insolação do jeito como corri.

Funcionou? Foi uma verdadeira mágica. Três coisas aconteceram:

1. Meu entusiasmo superou quase que inteiramente o que eu sentia. Na verdade, meu nervosismo começou a trabalhar para mim, e joguei muito melhor do que jamais achara que seria capaz. (Se você se sentir nervoso, aproveite. Não contenha seu nervosismo. Ligue-o. Faça seus nervos trabalharem para você.)
2. Meu entusiasmo afetou os outros jogadores da equipe, que também se mostraram entusiasmados.
3. Ao invés de desmaiar com o calor, senti-me melhor durante e depois do jogo do que já tinha me sentido antes.

Minha maior emoção veio na manhã seguinte, quando li no jornal de New Haven: ''Este novo jogador, Bettger, tem um barril de entusiasmo. Ele inspirou os nossos rapazes. Não somente ganharam o jogo, como também mostraram-se melhor do que em qualquer outro jogo desta temporada.''

Os jornais começaram a me chamar de ''Pep'' (vigor) Bettger — a vida do time. Enviei recortes dos jornais para Bert Conn, o treinador de Johnstown. Você pode imaginar, leitor, a cara de Bert quando leu a matéria sobre ''Pep'' Bettger, o perna-de-pau que ele despedira três semanas antes por ser *preguiçoso*?

Em dez dias, o *entusiasmo* me levou de 25 para 185 dólares por mês — ou seja, aumentou a minha renda em 700%. Nada, a não ser a determinação de atuar com entusiasmo, aumentou meu rendimento em 700% num prazo de dez dias! Consegui este estupendo aumento no meu salário não porque fosse capaz de arremessar melhor uma bola — ou pegá-la, ou bater melhor —, nem porque tivesse mais perícia como jogador. Não sabia mais beisebol que antes.

Dois anos mais tarde — dois anos depois da época em que toda a minha esperança se resumia em ganhar 25 dólares por mês naquele timinho de Chester —, eu estava jogando como terceira-base nos Cardinals de St. Louis e multiplicara minha renda por trinta. O que provocou isso? Exclusivamente entusiasmo, nada além de entusiasmo.

Dois anos mais tarde, jogando em Chicago, tive um acidente sério. Pegando uma bola rebatida em plena corrida, tentei lançar na direção oposta. Alguma coisa estalou no meu braço. Esse acidente forçou-me a abandonar o beisebol, o que me pareceu, na ocasião, uma grande tragédia, mas que agora considero como tendo sido um dos mais afortunados eventos de minha vida.

Voltei para casa e, durante os dois anos seguintes, ganhei a vida percorrendo as ruas de Filadélfia numa bicicleta. Eu era cobrador de prestações para uma firma de móveis; um dólar de entrada e o restante em "desconfortáveis" prestações semanais. Após lúgubres dois anos de cobranças de prestações, decidi tentar vender seguros para a Fidelity Mutual Life Insurance Company.

Os dez meses que se sucederam foram os mais longos e desencorajadores de toda a minha vida.

Sendo um fracasso completo na venda de seguros de vida, finalmente cheguei à conclusão de que *não nascera para ser vendedor*, e comecei a responder a anúncios pedindo despachantes de mercadorias. Percebi, contudo, que qualquer que fosse o trabalho que eu quisesse fazer, tinha, primeiro, que vencer um estranho medo que me dominava. Por isso, entrei num dos cursos de Dale Carnegie para falar em público. Certa noite, o Sr. Carnegie me interrompeu no meio de uma fala.

— Sr. Bettger — disse ele. — Só um momento... apenas um momento. O senhor está interessado no que está dizendo?

— Estou... claro que estou — respondi.

— Bem, então, por que não fala com um pouco de entusiasmo? Como espera que a sua audiência se interesse, se não põe um pouco de vida e animação no que diz?

Dale Carnegie deu então à nossa classe uma aula sensacional sobre o poder do entusiasmo. Ficou tão animado enquanto falava, que atirou uma cadeira na parede e quebrou uma de suas pernas.

Antes de deitar-me, naquela noite, fiquei sentado, pensando, durante uma hora. Meus pensamentos voltaram ao tempo em que jogara beisebol em Johnstown e New Haven. Pela primeira vez, entendi que o problema que havia ameaçado minha carreira no beisebol agora ameaçava arruinar minha carreira de vendedor.

A decisão que tomei naquela noite representou o ponto crucial de minha vida. A decisão foi a de continuar no negócio de venda de seguros e pôr, na atividade de corretor, o mesmo entusiasmo que pusera ao jogar beisebol, no time de New Haven.

Nunca esquecerei a primeira visita que fiz no dia seguinte. Foi a primeira vez que rompi minhas barreiras. Decidi que iria mostrar ao meu cliente em perspectiva o vendedor mais entusiasmado que ele já vira em sua vida. Enquanto dava socos na mesa de tanta excitação, esperava que a qualquer instante o homem me interrompesse e me perguntasse se eu estava sentindo alguma coisa; mas não, ele só ficou ouvindo, atento.

Em um determinado estágio da entrevista, notei que ele se ajeitou, assumiu uma posição mais ereta e arregalou os olhos, mas nem por um instante me deteve, exceto para fazer perguntas. Ele me pôs para fora? Não, ele comprou! Esse homem, Al Emmons, comerciante de cereais estabelecido no edifício da Bolsa de Filadélfia, em pouco tempo tornou-se um dos meus bons amigos e melhores incentivadores.

Daquele dia em diante, comecei a vender. A Mágica do Entusiasmo começou a trabalhar para mim, como já acontecera no beisebol.

Não quero dar a ninguém a impressão de que penso que entusiasmo consiste em dar socos na mesa... mas, se é disso que você precisa para se estimular, então sou totalmente favorável. O que sei é o seguinte: quando me obrigo a *agir* entusiasticamente, em pouco tempo *sinto* entusiasmo.

Durante meus 32 anos de vendas, vi o entusiasmo dobrar e triplicar a renda de dezenas de vendedores, assim também como vi a falta de entusiasmo ocasionar o fracasso de centenas deles.

Creio firmemente que o entusiasmo é, de longe, o maior fator individual no sucesso de um vendedor. Por exemplo, conheço um homem que é uma autoridade em seguros — poderia inclusive escrever um livro a este respeito — e, no entanto, não consegue ganhar um salário decente como corretor. Por quê? Basicamente, por causa de sua falta de entusiasmo.

Conheço outro vendedor que não sabe um décimo sobre seguros, mas que mesmo assim fez uma fortuna como corretor e aposentou-se com vinte anos de trabalho. Seu nome é Stanley Gettis. Ele está morando agora em Miami, Flórida. A razão para o seu marcante sucesso não foi o conhecimento — mas, sim, o entusiasmo.

É possível adquirir entusiasmo ou é preciso nascer com ele? Certamente que se pode adquiri-lo. Stanley Gettis o adquiriu. Tornou-se um dínamo humano. Como? Simplesmente forçando-se a agir com entusiasmo a cada dia. Como parte de seu plano, repetiu um mesmo poema todas as manhãs por quase vinte anos. Ele dizia que repeti-lo ajudava-o a gerar entusiasmo para o resto do dia. Achei esse poema tão inspirador que mandei imprimi-lo num cartão e distribuí centenas deles. Foi escrito por Herbert Kauffman e tem um bom título...

VITÓRIA

Você é o homem que costumava se gabar
De que alcançaria o máximo,
Um dia.

Você só queria um pretexto
Para demonstrar o quanto sabe
E provar a distância a que pode ir...

Acabamos de viver mais um ano.
Quais foram as idéias novas que você teve?
Quantas coisas grandiosas você fez?

O Tempo... deixou doze meses novos em folha aos seus cuidados
Quantos deles vocês compartilhou com a oportunidade
E se arriscou de novo onde tantas vezes errou?

Não encontramos seu nome na lista dos Bons Realizadores.
Explique-se!
Ah, não, não foi por falta de chance!
Como é usual — você não agiu!

Por que você não decora este poema e o repete diariamente? Pode fazer por você o que fez por Stanley Gettis.

Certa vez li uma declaração feita por Walter P. Chrysler. Fiquei tão impressionado com ela que a carreguei no bolso por uma semana. Sou capaz de apostar como a li mais de quarenta vezes, até memorizá-la. Gostaria de que todos os vendedores também a decorassem. Walter P. Chrysler, quando solicitado a dar o segredo do seu sucesso, listou várias qualidades, como competência, capacidade e energia, mas acrescentou que o verdadeiro segredo era o entusiasmo. "Na verdade, é mais do que entusiasmo", disse, "eu diria arrebatamento. Gosto de ver meu pessoal arrebatado. Quando eles ficam arrebatados, os clientes também ficam, e aí fazemos negócio."

O entusiasmo é, de longe, a qualidade mais bem paga no mundo, provavelmente porque é das mais raras; ainda assim, é uma das mais contagiosas. Se você se entusiasma, é muito provável que a pessoa que o ouve também se entusiasme, mesmo que você apresente suas idéias defeituosamente. Sem entusiasmo, sua conversa de vendas é praticamente tão morta quanto o peru assado do Natal do ano passado.

O entusiasmo não é meramente uma expressão exterior. Uma vez que se comece a adquiri-lo, ele trabalha constantemente dentro da pessoa. Você pode estar sentado calmamente em sua casa... uma idéia lhe ocorre... esta idéia começa a se desenvolver... finalmente você se torna consumido pelo entusiasmo... e ninguém pode detê-lo.

Ajudará você a vencer o medo, a tornar-se mais bem sucedido nos negócios, a ganhar mais dinheiro, e a desfrutar uma vida mais saudável, rica e feliz.

Quando é que você pode começar? Neste instante. Basta que diga para si mesmo: "Aí está uma coisa que sou capaz de fazer."

Como começar? Só existe uma regra:

Para tornar-se entusiasmado, aja com entusiasmo.

Ponha esta regra em ação por trinta dias e esteja preparado para ver os resultados mais assombrosos. Pode, facilmente, revolucionar toda a sua vida.

Levante-se todas as manhãs e, de pé, repita, com gestos poderosos e todo o entusiasmo de que for capaz, as seguintes palavras:

Obrigue-se a agir entusiasticamente e você se tornará entusiasmado!

Insisto para que você releia muitas vezes este capítulo escrito por Frank Bettger, e que tome uma sagrada e elevada resolução para redobrar o entusiasmo que vem aplicando ao seu trabalho e à sua vida. Se levar adiante essa decisão, provavelmente dobrará seus rendimentos e sua felicidade.

DALE CARNEGIE

2 ESTA IDÉIA ME FEZ VOLTAR A VENDER DEPOIS QUE EU TINHA DESISTIDO

REMEMORANDO O PASSADO, fico atônito ao ver como coisas triviais mudaram o rumo de minha vida. Como já disse, após dez meses de sofrimento e desânimo, tentando vender seguros de vida, desisti por completo da idéia de vender qualquer coisa. Resignei-me, e passei alguns dias respondendo a anúncios de emprego. Eu queria trabalhar em expedição de mercadorias porque, quando garoto, trabalhara para uma companhia de radiadores, a American Radiator Company, pregando engradados e pintando neles as instruções para o embarque. Com minha limitada educação, pensava só estar qualificado para esse tipo de tarefa. No entanto, por mais que tentasse, nem isso consegui.

Eu não me sentia apenas desencorajado; estava profundamente desesperado. Achei que ia ter que pegar de novo minha bicicleta e cobrar prestações para George Kelly. Minha maior esperança era a de voltar ao meu velho emprego de dezoito dólares por semana.

Eu havia deixado uma caneta-tinteiro e um canivete — além de alguns outros objetos de uso pessoal — no escritório da companhia de seguros. Assim, uma certa manhã fui lá para apanhá-los. Esperava ficar apenas poucos minutos, mas enquanto estava limpando a minha mesa, o presidente da companhia, o Sr. Walter Le-Mar Talbot, e todos os vendedores apareceram para uma reunião. Não dava para eu sair, de modo que continuei ali sentado e escutei as apresentações feitas por diversos corretores. Quanto mais falavam, mais desencorajado eu me sentia. Eles falavam de coisas que eu não era capaz de fazer. Até que ouvi o presidente, Sr. Talbot, dizer algo que teve efeito profundo e duradouro em minha vida durante os últimos 31 anos. *O que ele disse foi o seguinte*:

> Cavalheiros, acima de tudo, este negócio de vender se resume a uma coisa — uma única coisa —, ver as pessoas! Mostrem-me qualquer homem de capacidade comum que saia e conte com convicção a sua história a quatro ou cinco pessoas todos os dias e eu lhes mostrarei um homem que não pode deixar de fazer sucesso!

Bem, aquilo me levantou da cadeira. Eu acreditava em qualquer coisa que o Sr. Talbot dissesse. Ali estava um homem que começara a trabalhar para a companhia quando tinha onze anos; fizera sua carreira passando por todos os departamentos; estivera na rua vendendo por muito tempo. Ele sabia do que estava falando. Foi como se, de repente, o sol tivesse aparecido por entre as nuvens. Tomei a decisão de levá-lo a sério.

Disse para mim mesmo: "Escute aqui, Frank Bettger, você tem duas pernas saudáveis. Pode sair e contar sua história, com convicção, a quatro ou cinco pessoas todos os dias. Assim você vai fazer sucesso; foi o que o Sr. Talbot disse!"

Eu não podia me sentir mais feliz. Que grande alívio, pois sabia que iria conseguir!

Isto foi dez semanas antes do fim do ano. Decidi manter durante esse tempo um registro do número de visitas que faria, só para me assegurar de que via um mínimo de quatro pessoas por dia. Mantendo esse registro, descobri que poderia fazer muito mais visitas. Mas descobri, também, que manter a média de quatro pessoas por dia, semana após semana, era uma tarefa e tanto. Fez com que eu reconhecesse como era pequeno o número de pessoas que eu tinha visto anteriormente.

Durante essas dez semanas, vendi 51.000 dólares em seguros de vida — mais do que fora capaz de vender nos dez meses anteriores! Não era muito, mas provei a mim mesmo que o Sr. Talbot sabia do que que estava falando. Eu era capaz de vender!

Tornei-me consciente, então, de que meu tempo valia alguma coisa, e determinei que no futuro perderia o mínimo de tempo possível. Não achei que fosse necessário, contudo, manter registros.

Daí em diante, por alguma razão, minhas vendas caíram. Poucos meses depois, me vi num buraco tão grande quanto aquele em que estivera antes. Numa tarde de sábado fui ao escritório, tranquei-me numa salinha de reuniões e me sentei. Durante três horas fiquei ali, às voltas comigo mesmo. "O que há comigo? Exatamente o quê *está* errado?"

Só havia uma conclusão possível. Finalmente consegui reduzir as respostas possíveis a uma só. Tive que admitir. Eu não estava vendo um número suficiente de pessoas.

"Como é que vou fazer para me *obrigar* a ver mais gente? Certamente que tenho bastante incentivo. Preciso do dinheiro. *Não* sou preguiçoso."

Finalmente, resolvi voltar ao meu sistema de registrar tudo.

Um ano depois, eu me colocava diante do pessoal de nossa agên-

22

cia e lhes contava, entusiasticamente, a minha história. *Eu mantivera, secretamente, um registro completo de minhas visitas durante doze meses.* Meus números eram precisos, pois foram lançados diariamente. Fiz 1.849 visitas. Nessas visitas, consegui entrevistar 828 pessoas, fechei 65 vendas e minha comissão somou 4.251,82 dólares.

Quanto valeu cada visita? Pelos meus cálculos, 2,30 dólares. Pense nisso! Um ano antes eu me sentia tão desencorajado que me demitira. Agora, cada visita que eu fazia, *independentemente de ver a pessoa ou não, punha 2,30 dólares no meu bolso.*

Nunca pude encontrar palavras para expressar a coragem e a fé que aqueles registros me deram.

Adiante vou mostrar como esse sistema de manter registros ajudou-me a me organizar, a tal ponto que fui gradualmente capaz de aumentar o valor de minhas visitas de 2,30 para 19 dólares cada; e como, num período de alguns anos, pude passar minha média de fechamentos de 1 em 29 para 1 em 25, depois 1 em 20, 1 em 10 e, finalmente, 1 em 3. Vou dar só um exemplo agora:

Segundo os registros, 70% de minhas vendas eram feitas na primeira entrevista, 23% na segunda e 7% na terceira ou depois. Mas escutem só isto: 50% do meu tempo eram gastos indo atrás de 7%. Por que me incomodar com 7%? Por que não dedicar todo o meu tempo à primeira e à segunda entrevistas? Esta simples decisão aumentou o valor de cada visita de 2,80 para 4,27 dólares.

Sem registros, não temos meios de saber o que estamos fazendo de errado. Posso obter mais inspiração estudando os meus próprios registros do que qualquer coisa que venha a ler numa revista. Clay W. Hamlin, um dos maiores vendedores do mundo, freqüentemente tem me inspirado, da mesma forma que a milhares de outras pessoas. Clay me disse que fracassou três vezes em sua carreira de vendas antes de começar a anotar tudo.

"Não se pode acertar na bola sem tentar bater nela", é uma afirmativa tão verdadeira no beisebol quanto em vendas. Quando joguei nos Cardinals, tínhamos um jogador chamado Steve Evans. Steve era um sujeito grande e vigoroso, com um corpo que lembrava o de Babe Ruth, e capaz de bater na bola com quase tanta força quanto Babe. Só que Steve tinha um mau hábito. O hábito de esperar. Ele geralmente tinha dois pontos contra antes de começar a brandir o bastão. Lembro de um jogo importante em St. Louis. Era a vez de Steve bater no nono turno com dois fora e as bases cheias. Qualquer tipo de batida teria ganhado o jogo. Steve pegou seu bastão favorito e foi para o quadrilátero do batedor. Todo mundo gritou:

23

— Vamos, Steve, acerte a primeira bola!

Quando tomou sua posição, dava para ver que Steve estava disposto a bater a primeira... só que a bola passou direto pelo meio do quadrilátero... e Steve nem sequer tirou o bastão do ombro.

— Ponto contra! — rugiu o árbitro.

— Vamos, Steve! Acerte a segunda! — suplicaram os jogadores e a torcida.

Steve cavou um novo apoio para a ponta do pé. E novamente o arremessador lançou uma bem pelo meio!

Mais uma vez Steve nem tentara.

— Segundo ponto contra! — berrou o árbitro.

— Steve! — gritou Roger Bresnahan, o nosso técnico, atrás da linha da terceira base. — Que diabo você está esperando?

— Pelos dias 1 e 15, que é que você acha? — gritou Steve, contrariado. (Os dias 1 e 15 eram os dias de pagamento.)

Todas as vezes que vejo vendedores sentados no escritório durante as horas de venda, jogando paciência com cartões de possíveis clientes, revejo Steve Evans com seu bastão sobre o ombro, deixando as bolas boas passarem, e ouço Bresnahan gritar: "Que diabo você está esperando?"

Vender é o trabalho mais fácil do mundo se você trabalhar duro, mas é o trabalho *mais duro* do mundo se você tentar levar na moleza.

Você sabe que o bom médico não trata dos efeitos, e sim da *causa*. Vamos então direto ao fundo dessa questão de vender:

Você não pode cobrar a sua comissão enquanto não fizer a venda;

Você não pode fazer a venda enquanto não preencher o pedido;

Você não pode preencher o pedido enquanto não fizer a entrevista;

Você não pode ter a entrevista enquanto não fizer a *visita*!

Aí está a coisa toda, resumidamente. Aí está o alicerce da atividade de vendas — visitas!

3 UMA COISA QUE FIZ QUE ME AJUDOU A DESTRUIR O MAIOR INIMIGO QUE JÁ TIVE DE ENFRENTAR

EU GANHAVA TÃO POUCO durante esse primeiro ano que arranjei um emprego para treinar o time de beisebol do Swarthmore College nas minhas horas vagas.

Um dia, recebi um convite da Associação Cristã de Moços de Chester, Pensilvânia, para falar sobre "Os Três L: Vida Limpa, Caráter Limpo e Esporte Limpo". Eu ainda estava lendo a carta quando concluí que era inteiramente impossível para mim aceitar o convite. Na verdade, subitamente, me dei conta de que se não tinha coragem para falar convincentemente com um homem só, imagine para uma centena.

Foi então que comecei a perceber que, para ter esperança de vir a ser bom em qualquer coisa, teria primeiro que vencer aquela timidez e o medo de falar com estranhos.

No dia seguinte, fui até a ACM, no número 1.421 da Arch Street, Filadélfia, e disse ao diretor educacional por que achava que era um fracasso. Perguntei se eles tinham algum curso que pudesse me ajudar. Ele sorriu e disse:

— Temos exatamente o que você precisa. Venha comigo.

Segui-o por um corredor comprido. Entramos numa sala onde estava sentado um grupo de homens. Um homem acabara de falar e outro estava de pé, criticando o orador. O diretor educacional me cochichou:

— É um curso para falar em público.

Eu nunca tinha ouvido falar naquilo.

Nesse momento, outro homem levantou-se e começou a falar. Ele foi terrível. Na verdade, foi tão terrível que me encorajou. Pensei com meus botões que "por mais apavorado e burro que eu seja, não posso ser muito pior que esse sujeito".

Em pouco tempo o homem que criticara o orador anterior voltou. Fui apresentado a ele. Seu nome era *Dale Carnegie*.

— Quero entrar no seu curso — eu disse.

— Estamos mais ou menos no meio do curso — respondeu ele.

— Talvez fosse melhor esperar. Daremos início a um novo curso em janeiro.

— Não — insisti. — Quero começar agora.

— Tudo bem. — O Sr. Carnegie sorriu e, pegando no meu braço, acrescentou: — Você é o próximo orador.

Claro que eu estava tremendo. Na verdade, estava *apavorado*, mas de um jeito ou de outro consegui dizer-lhes por que ali estava. Foi horrível, mas por pior que tenha sido o meu "discurso", representou uma tremenda vitória para mim. Antes daquele dia, eu não era capaz de ficar de pé diante de um grupo de pessoas e perguntar: "Como estão vocês?"

Isto aconteceu trinta anos antes do momento em que escrevo estas linhas, mas aquela noite ficará para sempre na minha memória, marcando o início de uma fase que provou ser uma das mais importantes da minha vida.

Matriculei-me naquela hora mesmo e compareci regularmente aos encontros semanais.

Dois meses depois, fui a Chester e fiz a tal palestra. Já havia aprendido que era relativamente fácil falar a respeito de minhas experiências. Assim, falei à platéia da ACM, em Chester, sobre as minhas experiências no beisebol, acerca do tempo em que morara com Miller Huggins e sobre como entrei nas ligas profissionais de maior importância, com Christy Mathewson arremessando. Fiquei atônito com o fato de falar tranqüilamente por mais de meia hora e mais atônito ainda quando vinte ou trinta rapazes me procuraram, depois, para apertar a minha mão e dizer que tinham apreciado muito a minha palestra.

Esse foi um dos maiores triunfos da minha vida. Deu-me confiança como nada que antes tivesse feito. A impressão que tive foi a de que tinha obrado um milagre. *Foi* um milagre. Dois meses antes, tinha medo de me dirigir aos outros formalmente; agora, ali estava eu, de pé diante de um grupo de cem pessoas, e prendendo sua atenção, além de gostar da experiência. Quando saí daquele auditório era outro homem.

Tornei-me mais bem conhecido naquele grupo, numa palestra de 25 minutos, do que teria conseguido ali comparecendo meses a fio como membro silencioso.

Para minha surpresa, J. Borton Weeks, importante advogado no condado de Delaware, que agira como mediador da reunião, caminhou até a estação comigo. Quando embarquei no trem, ele apertou minha mão, agradeceu profusamente e me convidou para aparecer de novo na primeira oportunidade que tivesse.

— Um dos meus sócios e eu estamos pensando em comprar um seguro — disse ele, quando o trem começou a se mover.

"Arranjei" uma oportunidade para retornar a Chester num prazo surpreendentemente curto.

Poucos anos depois, J. Borton Weeks tornou-se presidente do Automóvel Clube de Keystone, o segundo maior automóvel clube do mundo. Borton Weeks tornou-se um dos meus melhores amigos e, além disso, um dos meus melhores centros de influência nos negócios.

Por mais lucrativo que este relacionamento tenha se tornado, não foi nada comparado à autoconfiança e coragem que ganhei através do treinamento a que me submeti nesse curso de oratória. Alargou a minha visão e estimulou meu entusiasmo; ajudou-me a expressar minhas idéias mais convincentemente para outros homens; e ajudou-me a destruir o maior inimigo que já tive de enfrentar, o *medo*.

Eu insistiria com qualquer homem ou mulher que esteja sendo detido em seu progresso pelo medo, que careça de coragem e autoconfiança, para que entre no melhor curso de falar em público que haja na sua comunidade. Não falo de *qualquer* curso. Só aquele em que possa falar em todas as reuniões, porque é disso que você precisa, experiência.

Se não encontrar um que seja bom e prático, faça como Benjamin Franklin fez. Ben conhecia o grande valor desse tipo de treinamento e formou um "comitê" aqui mesmo na minha cidade. Faça reuniões uma noite por semana. Designe um novo mediador a cada semana ou mês. Se não puderem arranjar um bom instrutor, critiquem-se uns aos outros, como o comitê fez duzentos anos atrás.

Observei que os membros de nossa classe que mais se beneficiaram e mostraram maior progresso foram os que deram ao treinamento obtido algum uso prático. Assim, pobre como eu era, procurei oportunidades para falar em público. Quase morri de medo do palco, a princípio, mas, de um jeito ou de outro, consegui.

Cheguei até mesmo a ensinar catecismo numa escola dominical com oito garotos. Mais tarde, aceitei a superintendência da mesma escola, função que exerci por nove anos. O efeito desse treinamento e a experiência alcançada projetaram-se sobre minhas conversas individuais. Foi uma das melhores experiências que já tive.

Todos os líderes e homens vitoriosos que conheci tinham coragem e autoconfiança, e a maioria é capaz de se expressar convincentemente.

O melhor modo que achei para me ajudar a vencer o medo e a desenvolver coragem e autoconfiança com rapidez foi falando para grupos. Descobri que quando perdi o medo de falar para grupos, perdi também o medo de falar para indivíduos, por mais importantes que fossem. O treinamento e a experiência de falar em público fizeram com que eu saísse da minha concha, abriram meus olhos para as minhas próprias possibilidades e alargaram meus horizontes. Foi um dos pontos cruciais da minha carreira.

4 O ÚNICO MODO COMO CONSEGUI ME ORGANIZAR

NÃO MUITO TEMPO DEPOIS DE ter começado a registrar meu trabalho, descobri que era uma das pessoas mais desorganizadas do mundo. Tinha definido um objetivo de duas mil visitas por ano, num ritmo de quarenta por semana. Mas logo fiquei tão irremediavelmente atrasado que senti vergonha de continuar tentando. Minhas intenções eram boas. Vivia tomando novas resoluções, mas elas nunca duravam muito tempo. Eu simplesmente não era capaz de me organizar.

Finalmente, pus na cabeça que devia dedicar mais tempo ao planejamento. Era fácil amontoar quarenta ou cinqüenta fichas de clientes em perspectiva e pensar que estava preparado. *Isso* não tomava muito tempo. Mas, examinar os registros, estudar cada visita cuidadosamente, planejar com detalhes o que dizer a cada pessoa, preparar propostas, escrever cartas e, depois, organizar um cronograma para as visitas de cada dia, de segunda a sexta, na ordem adequada, requeria de quatro a cinco horas de trabalho intenso.

Assim, separei a manhã de sábado e designei-a "dia da organização". Este plano me ajudou? Escute só! Cada manhã de segunda-feira, quando começava a tarefa da semana, em vez de me obrigar a sair para as visitas, eu ia ver as pessoas cheio de confiança e entusiasmo. Sentia-me *ansioso* para vê-las, porque pensara nelas, estudara sua situação e tinha algumas idéias que acreditava pudessem lhes ser úteis. No final da semana, ao invés de me sentir exausto e desencorajado, na verdade me sentia estimulado com a idéia de que a semana seguinte poderia ser ainda melhor.

Após alguns anos, fui capaz de antecipar meu "dia da organização" para a manhã de sexta-feira e não trabalhar o resto da semana, esquecendo os negócios inteiramente até a manhã de segunda. É surpreendente ver o quanto consigo realizar depois de gastar o tempo que for necessário com o planejamento, da mesma forma que é assombroso o contrário: o quão pouco consigo realizar sem planejamento. Prefiro trabalhar num esquema apertado quatro dias e meio por semana e chegar a alguma parte do que trabalhar o tempo todo e não chegar a parte alguma.

Li que Henry L. Doherty, o grande industrial, disse um dia:

"Posso contratar homens para fazer tudo, menos duas coisas, *pensar* e *fazer as coisas na devida ordem de importância.*"

Era precisamente este o meu problema. No entanto, depois de tê-lo resolvido, semana após semana, por tantos anos, acredito que a resposta verdadeira seja: Gaste o tempo que for necessário para pensar e planejar.

No final deste capítulo, você verá um típico "quadro de horário semanal". Não foi preparado para servir de amostra. Foi tirado do meu arquivo para servir de ilustração. Verá também um mês de "fichas de registro", que também podem ser úteis a quem estiver planejando seu tempo.

Sim, eu sei, posso ouvir você dizendo: "Isso não me serve! Não consigo me submeter a esse tipo de coisa, viver dentro de um planejamento. Eu me sentiria infeliz." Pois muito bem, tenho boas notícias para você. *Você já está vivendo dentro de um esquema.* E, se não é um esquema planejado, provavelmente é um mau esquema. Deixe-me dar-lhe um exemplo: há alguns anos, um rapaz me procurou em busca de conselho. Tinha se formado com todas as honras em uma das nossas melhores e mais antigas universidades, e se dedicara a vender cercado de muitas esperanças. Dois anos depois, estava sensivelmente desencorajado. Disse-me ele:

— Sr. Bettger, diga-me com franqueza, acha que sou talhado para ser vendedor?

— Não, Ed — respondi —, não acho que você seja talhado para ser vendedor. — Ele fez uma cara triste, mas prossegui: — Não creio que *ninguém* seja talhado para ser vendedor ou qualquer outra coisa. *Acho que temos que nos moldar para ser o que queremos ser.*

— Não entendo — disse Ed. — Pareço estar o tempo todo atarefado e trabalhando. Ora, não tenho tempo nem de comprar uma gravata! Se ao menos conseguisse me organizar!

Por acaso, eu sabia que aquele rapaz era do tipo que gosta de acordar tarde. Foi por isso que perguntei:

— Ed, por que você não entra para o "Clube das Seis Horas"?

— Clube das Seis Horas? Que é isso?

— Alguns anos atrás — expliquei —, li que Benjamin Franklin disse que apenas uns poucos homens viveriam até a idade avançada, e que um número ainda menor teria sucesso se não acordasse cedo. Assim, acertei meu despertador uma hora e meia mais cedo, já na manhã seguinte. Gastava uma hora desse tempo lendo e estudando. Claro que passei a ir para a cama mais cedo, mas lucrei muito com isso.

Naquele dia Ed concordou em comprar um despertador e a ingressar no Clube das Seis Horas. Dedicou a manhã de sábado aos seus trabalhos de organização. Em pouco tempo, deixou para trás os velhos problemas e passou a vender com sucesso. Apenas quatro anos mais tarde, foi designado gerente de um grande território na Costa Leste de uma das nossas grandes indústrias.

Não faz muito tempo entrevistei um executivo da IBM, corporação que é uma das mais conceituadas do mundo, devido aos seus métodos de treinamento de vendedores. Perguntei qual a importância que atribuíam à sua "Folha de Trabalho Semanal".

— Sr. Bettger — disse ele —, nós proporcionamos aos nossos vendedores certas ferramentas que sabemos ser essenciais ao sucesso deles. Nossa ferramenta número um é a "Folha de Trabalho Semanal", que deve ser preenchida pelos vendedores, dando os nomes de todas as pessoas que planejam ver durante a semana seguinte. Uma cópia deve ser entregue a nós *antes* de ter início a semana de trabalho.

— Vocês fazem esta mesma exigência em cada um dos setenta e nove países em que operam? — perguntei.

— Sem sombra de dúvida — afirmou ele.

— O que aconteceria — quis saber — se algum vendedor se recusasse a usar essa ferramenta número um?

— Não poderia acontecer. Mas, se acontecesse, o vendedor não trabalharia para nós.

Foram exatamente estas as suas palavras.

A maioria dos homens bem-sucedidos que conheci é absolutamente impiedosa com o seu tempo. Larry Doolin, por exemplo, um dos diretores da Fidelity Mutual Life Insurance Company, de Filadélfia, falou-me outro dia de uma experiência que teve recentemente. Larry ligou para Dick Campbell, seu gerente em Altoona, Pensilvânia, certa noite, e disse:

— Dick, vou fazer uma viagem para visitar diversas agências nossas. Na segunda-feira estarei em Harrisburg. Gostaria de passar a terça aí em Altoona com você.

Dick replicou:

— Larry, estou ansioso para vê-lo, mas isto será impossível antes da tarde de sexta-feira.

Na sexta-feira seguinte, os dois homens se sentaram para almoçar e Larry perguntou:

— Você esteve toda a semana fora, Dick?

— Não — respondeu Dick. — Estive por aí na cidade.

Larry ficou espantado.

— Quer dizer que você estava aqui em Altoona na terça-feira?

31

— Isto mesmo — respondeu Dick, com um sorriso.
Bastante ressentido, Larry quase explodiu.
— Dick, você percebe o que me obrigou a fazer? Tive que voltar atrás no meu itinerário. Hoje à noite retornarei a Cincinnati e, de lá, sigo para Detroit.
Dick Campbell explicou:
— Escute, Larry, antes de você me telefonar, eu tinha passado cinco horas da última sexta-feira planejando toda esta semana. Terça era um dos dias mais importantes. Diversas entrevistas já tinham

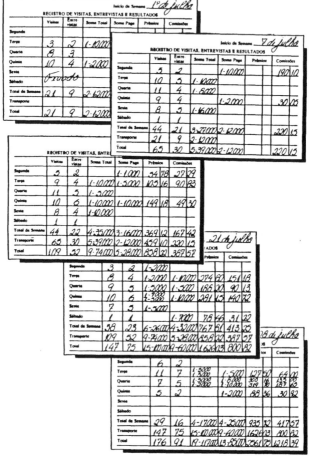

Fichas de registro, onde aparecem resultados reais do planejamento feito, e as comissões ganhas.

QUADRO DE HORÁRIO SEMANAL

	Seg. 14/06	Ter. 15/06	Qua. 16/06	Qui. 17/06	Sex. 18/06
M A N H Ã	Rosengarten Siano	Buchler Borger Dice	Coale Felton McClellen	Madden Haglett Weaver	Barbeiro 08h Planejamento 08h45 - 11h
A L M O Ç O	Quigley	Trout	McBride	Kroll	
T A R D E	Connelly Dutcher Dick	Knueders Ackley Rigley Ledoick	Silver Horst Karl	Fretz Paoli Stiefel Derry	
N O I T E	Paul Fisher		Henze		

Típico "quadro de horário semanal" que me ajudou a organizar-me.

sido marcadas. Para passar a terça com você, eu teria que cancelar minha programação. Por favor, não se sinta ofendido, Larry. Mesmo que tivesse sido E. A. Roberts, o presidente da companhia, eu teria feito a mesma coisa. Qualquer que seja o sucesso que alcance neste ramo, deve-se ao fato de eu me recusar a permitir que qualquer coisa ou pessoa interfira com o planejamento da semana ao qual devoto todas as minhas sextas-feiras.

— Frank — disse-me Larry Doolin —, quando escutei aquilo fiquei chocado. Mas não me permiti ficar com raiva. Percebi logo que ali estava o *verdadeiro segredo* da fenomenal ascensão de Dick Campbell para o sucesso.

Larry me contou que, quando pegou o trem naquela noite, estava incendiado por um novo entusiasmo. Desde então, vem contando essa história a vendedores em todo o país.

Em 1926, passei quase todo o verão numa fazenda chamada Eaton's Dude Ranch, localizada nos contrafortes das montanhas Big Horn, perto de Sheridan, Wyoming. Mary Roberts Rinehart, autora de mais de cinqüenta romances e uma das escritoras mais bem pagas dos Estados Unidos, passava ali todos os verões. Pergunteilhe como viera a ser escritora. Aqui estão suas palavras:

Sempre achei que seria capaz de escrever. Bastava que tivesse tempo suficiente. Mas tinha três filhos pequenos, meu marido e...

também a minha mãe, que por diversos anos foi inválida, totalmente dependente. Até que, durante uma crise financeira, perdemos tudo. Fiquei desesperada com as nossas dívidas. Tomei a decisão de que ganharia algum dinheiro escrevendo, e assim fiz um esquema, planejando cada hora do dia com uma semana de antecedência. Certos períodos durante o dia e à noite, depois de pôr as crianças na cama, e enquanto o Dr. Rinehart estava fora, visitando algum paciente, dediquei-me a escrever.

Perguntei à Sra. Rinehart se trabalhar num esquema tão apertado não a deixava exausta.

— Pelo contrário — respondeu ela, com um sorriso —, minha vida passou a ter novo estímulo.

Mary Roberts Rinehart não sabe o quanto me inspirou. Depois que voltei para casa, fiz um trabalho muito melhor do que jamais tinha feito no gerenciamento de Frank Bettger e do seu tempo.

Há alguns anos li um poema escrito por Douglas Malloch. Recortei-o e o colei no meu álbum de recortes. Li e reli essa poesia até sabê-la de cor. Ela fez algo por mim. Talvez faça alguma coisa por você também. Aqui está:

Pode ser que não haja nada de errado com você,
O modo como você vive, o trabalho que você faz,
Mas posso ver com muita clareza
Exatamente o que está errado comigo.
Não é que eu seja indolente
Ou fuja do trabalho por querer.
Trabalho duro como todo mundo.
E, no entanto, realizo muito pouco.
A manhã se vai, já é meio-dia,
Logo, logo, a noite cai,
E tudo à minha volta, eu lamento,
São coisas que não terminei.
Se ao menos eu pudesse me organizar!
Muitas vezes já percebi
Que não é só o *homem* que importa;
O homem também tem que ter um *plano*.

Com você pode ser que não haja nada de errado,
Mas aí está o meu problema:
Faço coisas que não importam,
Que para muitos não interessam,

Mas que realmente parecem importantes.
Deixo uma porção de coisas passarem.
Mordisco aqui e ali,
Mas nunca termino nada.
Trabalho duro como todo mundo,
Mas realizo tão pouco.
Eu realizaria tanto, que você se espantaria,
Se ao menos eu pudesse me organizar! *

SUMÁRIO

PARTE UM

LEMBRETES

1. Obrigue-se a *agir* com entusiasmo e você se tornará entusiasmado. Tome uma resolução sagrada para redobrar o entusiasmo que vem aplicando ao seu trabalho e à sua vida. Se levar adiante essa decisão, você provavelmente dobrará a sua renda e a sua felicidade.
Como começar? Há somente uma regra: para tornar-se entusiasmado, aja com entusiasmo.

2. Lembre-se do que disse Walter LeMar Talbot. "Acima de tudo, este negócio de vender se resume a uma única coisa — ver as pessoas! Mostrem-me qualquer homem de capacidade comum que saia e conte com convicção a sua história a quatro ou cinco pessoas todos os dias e eu lhes mostrarei um homem que não pode deixar de fazer sucesso!"

3. Se você quer vencer o medo e desenvolver coragem e autoconfiança rapidamente, entre num bom curso para falar em público. Não um curso que se resuma a palestras dos professores. Entre num curso onde possa falar em todas as reuniões. Quando perder o medo de falar para uma platéia, perderá o medo de falar com indivíduos, por mais importantes que estes sejam.

---

*Reimpresso com permissão da Sra. Douglas Malloch.

4. Uma das grandes satisfações na vida vem de quando se consegue fazer as coisas, e quando se sabe que as coisas foram feitas com o melhor de nossa capacidade. Se você está com problemas para se organizar, se quer aumentar sua capacidade de pensar e de fazer as coisas na sua ordem de importância, lembre-se de que só há um modo: leve mais tempo para pensar e fazer as coisas na ordem de importância que elas tiverem. Separe um dia para se organizar ou um período definido de cada semana. O segredo de libertar-se da ansiedade, por não ter tempo suficiente, reside não em trabalhar maior número de horas, e sim no adequado *planejamento* das horas a trabalhar.

PARTE DOIS

A Fórmula do Sucesso em Vendas

5 COMO APRENDI O SEGREDO MAIS IMPORTANTE DA ARTE DE VENDER

EM UMA QUENTE MANHÃ de agosto, entrei nos escritórios de John Scott e Companhia, grandes atacadistas em Filadélfia, e perguntei pelo Sr. John Scott. Um de seus filhos, Harry, me disse:

— Papai está muito ocupado agora. Ele estava esperando o senhor?

— Não marquei hora — respondi —, mas como ele pediu algumas informações à minha companhia, vim trazê-las.

— Bem — disse o filho —, o senhor escolheu o dia errado. Papai está com três pessoas na sala dele e...

Bem nesse momento, John Scott cruzou o lugar onde estávamos e se dirigiu para o depósito.

— Papai! Este senhor aqui quer lhe falar.

— Você quer me ver, meu jovem? — indagou o chefão, virando-se para me olhar, enquanto empurrava a porta de vaivém e entrava no depósito.

Eu o segui, e aqui está a entrevista que se seguiu, com ambos de pé:

EU: Sr. Scott, meu nome é Bettger. O senhor pediu-nos informações e vim aqui trazê-las para o senhor *(entreguei-lhe o cartão que ele assinara e devolvera pelo correio à minha companhia).*

SCOTT *(olhando para o cartão)*: Bem, na verdade eu não quero a informação, mas achei que podia muito bem ganhar o livro de anotações que a sua companhia disse que tinha separado para mim. Seu pessoal me escreveu diversas cartas, dizendo que tinha um deles com meu nome escrito, e por isto mandei o cartão.

EU *(entregando a ele o livro de anotações)*: Sr. Scott, esses livros nunca vendem seguros de vida para nós, mas, sem dúvida, permitem a nossa entrada e nos dão oportunidade para contar nossa história.

SCOTT: Bem, estou com três pessoas na minha sala, e ficarei ocupado um bocado de tempo. Além disso, será uma perda de tempo discutir seguros de vida. Estou com 63 anos de idade. Parei de comprar seguros há alguns anos. A maioria de minhas apólices está paga. Todos os meus filhos já estão crescidos e sabem se cuidar melhor do que eu. Comigo agora só restam minha esposa e uma filha e, se alguma coisa me acontecer, terão mais dinheiro do que será bom para elas.

EU: Sr. Scott, um homem que alcançou tanto êxito na vida quanto o senhor, certamente deve ter alguns interesses além da família e do seu negócio. Talvez um hospital, uma obra religiosa, missionária ou de caridade, com algum objetivo meritório. Já pensou que, quando morrer, seu apoio será retirado? E isso não representaria um prejuízo sério ou mesmo o fim de um trabalho esplêndido?

(Scott não respondeu à minha pergunta, mas pude ver pela sua expressão que eu achara petróleo. Ele esperou que eu prosseguisse.)

Com o nosso plano, Sr. Scott, o senhor pode garantir o seu apoio, morto ou vivo. Se viver, daqui a sete anos começará a receber cinco mil dólares por ano em cheques mensais enquanto estiver vivo. Se não precisar do dinheiro poderá doá-lo, embora, se vier um dia a precisar, será uma bênção!

SCOTT *(olhando para o relógio)*: Se quiser esperar um pouco, eu gostaria de lhe fazer algumas perguntas sobre isto.

EU: Terei prazer em esperar.

(Cerca de vinte minutos mais tarde, mandaram que eu entrasse na sala do Sr. Scott.)

SCOTT: Como é mesmo o seu nome?

EU: Bettger.

SCOTT: Sr. Bettger, o senhor falou de caridade. Eu sustento três missionários no exterior e destino uma soma considerável todo ano para coisas que tocam muito de perto meu coração. Agora, como é que funciona esse plano de que o senhor falou e que garante meu apoio mesmo que eu morra? A partir de sete anos contados de agora eu estaria recebendo cinco mil dólares por ano... quanto isto me custaria?

(Quando falei o preço, ele pareceu se assustar.)

SCOTT: Não! Não dá nem para pensar numa coisa dessas!

Fiz-lhe então mais perguntas sobre os três missionários. Ele pareceu satisfeito por abordar este assunto. Perguntei se, algum dia, já havia visitado as missões. Não, não tinha, mas um dos seus filhos e sua nora eram os encarregados da missão na Nicarágua, e ele estava planejando uma viagem para visitá-los no outono. Depois me contou diversas histórias sobre o trabalho deles. Ouvi com grande interesse. Por fim, perguntei:

— Sr. Scott, quando o senhor for à Nicarágua, não se sentiria feliz se pudesse dizer ao seu filho e à sua nora que acabou de tomar as providências para que, se alguma coisa lhe acontecer, eles recebam um cheque todos os meses, de modo que seu trabalho possa continuar sem interrupção? E também não gostaria de escrever uma carta, Sr. Scott, para os outros dois missionários, dando-lhes a mesma notícia?

Sempre que ele argumentava que era dinheiro demais para pagar, eu falava mais e fazia mais perguntas sobre o trabalho maravilhoso que seus missionários estavam fazendo.

Scott, finalmente comprou. Fez um depósito naquele dia de 8.672 dólares.

Quando saí daquela sala, eu não andava, flutuava no ar. Enfiei o cheque no bolso, mas segurei-o com a mão. Tinha medo de largar. Seria um terrível pesadelo se o perdesse antes de voltar para o escritório. Eu tinha um cheque de 8.672 dólares! Oito mil, seiscentos e setenta e dois dólares! E dizer que, dois anos antes, minha esperança se resumia em arranjar um emprego de auxiliar de expedição. Na verdade, essa venda me proporcionou uma das maiores emoções de minha vida. Quando cheguei ao escritório central da minha companhia, fiquei assombrado ao saber que aquela tinha sido uma das maiores vendas individuais em sua história.

Nem pude comer naquela noite. Fiquei acordado até quase o dia raiar. Era 3 de agosto de 1920. Nunca esquecerei a data. Eu era o homem mais entusiasmado de Filadélfia.

Como a venda foi efetuada por um novato, desajeitado feito eu, que não tinha terminado a escola primária, causou uma certa sensação. Poucas semanas mais tarde, fui convidado a contar a história na convenção de vendas que teria lugar em Boston.

Seguindo-se à minha fala na convenção, um vendedor conhecido nacionalmente, Clayton M. Hunsicker, um homem com quase o dobro da minha idade, veio congratular-me pela venda e me disse uma coisa que logo descobri ser o segredo mais profundo no trato com as pessoas.

— Tenho dúvidas sobre se você sabe, exatamente, *por que* foi capaz de efetuar essa venda.

Perguntei o que ele queria dizer.

Foi aí que o Sr. Hunsicker revelou-me a verdade mais essencial que jamais ouvi a respeito de vendas:

— O segredo mais importante da arte de vender é descobrir o que a outra pessoa deseja, e depois ajudá-la a encontrar o melhor meio de consegui-lo. No primeiro minuto da sua entrevista com o Sr. Scott, você jogou um verde e acidentalmente descobriu o que *ele* queria. Em seguida mostrou *como* ele conseguiria obter aquilo. Falou mais e mais a esse respeito, fez perguntas, não deixou que ele mudasse de assunto. Se você se lembrar sempre desta regra, vender será facil.

Durante todo o resto de minha estada de três dias em Boston, não pude pensar praticamente em mais nada a não ser no que o Sr. Hunsicker tinha me dito. Se Clayton Hunsicker não tivesse analisado e interpretado aquela venda para mim, eu poderia ter continuado gaguejando anos a fio. Ao pensar no que ele me disse, comecei a entender o motivo pelo qual eu encontrava uma oposição tão feroz na maioria das minhas entrevistas. Percebi que estava simplesmente irrompendo na sala das pessoas e falando sem parar para fazer a venda que eu queria fazer, sem saber ou tentar descobrir qualquer coisa sobre a situação de quem me ouvia.

Fiquei tão animado com essa nova idéia, que usara inconscientemente, que mal pude esperar a hora de voltar para Filadélfia, a fim de usá-la.

Tudo aquilo me fez pensar cada vez mais sobre John Scott e sua situação. De repente ocorreu-me que ele tinha *outro* negócio para cuidar, o planejamento do futuro de sua empresa. Ele descera a grandes detalhes comigo sobre como viera da Irlanda para os Estados Unidos aos dezessete anos, a conquista de um emprego num pequeno armazém e, por fim, a abertura de seu próprio negócio, culminando com a gradual montagem de atacadistas de gêneros alimentícios da Costa Leste. Naturalmente que ele tinha uma forte ligação sentimental com seu negócio. Era o trabalho de sua vida. Certamente desejava que prosseguisse após sua morte.

Em menos de trinta dias, depois que retornei da convenção de Boston, ajudei John Scott a montar um plano destinado a proteger seus filhos e oito empregados ligados ao negócio. O clímax desta nova etapa foi um jantar que ele ofereceu no Manufacturer's Club a esses homens-chave. Fui a única pessoa de fora convidada. Depois do jantar, o Sr. Scott disse, num discurso curto e emocionado, que aquela era uma ocasião muito feliz para ele.

— Acabo agora de completar meus planos visando ao futuro das duas coisas mais caras ao meu coração, o meu negócio e as missões religiosas que fundei no exterior.

O seguro que vendi — a apólice abrangia as vidas de todos os homens-chave no negócio e incluía uma quantia adicional, referente ao Sr. Scott — resultou em uma comissão maior que todo o dinheiro que eu ganhara no ano anterior. Em *um só dia* ganhei mais do que num ano!

42

Foi na noite daquele jantar que percebi, com toda a intensidade, a validez da lição recebida de Clayton Hunsicker. Antes, eu pensava nas minhas vendas como um modo de ganhar a vida. Sentia pavor em ver as pessoas, pois temia aborrecê-las. Mas, agora, eu me sentia inspirado! Resolvi, naquele instante, dedicar o resto da minha carreira de vendedor a este princípio:

Descobrir o que as pessoas desejam e ajudá-las a conseguir isso.

Não consigo dizer a vocês o novo tipo de coragem e entusiasmo que aquilo me deu. Tratava-se de algo mais que uma técnica de vendas. Era uma filosofia de vida.

6 ACERTANDO NA MOSCA

UMA COISA QUE me surpreendeu na convenção em Boston foi o grande número de vendedores presentes, entre os mais importantes do país. Alguns tinham vindo da Califórnia, Texas ou Flórida.

Falei ao meu novo amigo, o Sr. Hunsicker, sobre isso.

— Escute — respondeu ele, discretamente —, todos esses grandes vendedores estão famintos por novas idéias, sempre caçando meios para trabalhar melhor. Vá a tantas convenções de vendas quanto puder. Basta que consiga uma *única* nova idéia para que o tempo e o dinheiro gastos sejam o melhor investimento possível. Além disso, dá a você a oportunidade de conhecer alguns dos mandachuvas. Conhecê-los pessoalmente e ouvi-los falar são coisas que o deixarão inspirado. Você voltará para casa com a confiança e o entusiasmo renovados.

Este conselho certamente funcionou, já na minha primeira viagem. O próprio Sr. Hunsicker foi um dos mandachuvas que conheci e a idéia que ele me deu foi inestimável. Não era de admirar que eu errasse o alvo com tanta freqüência. Não sabia nem mesmo qual era o alvo! Em beisebol, costuma-se dizer que não se consegue acertar a bola que não se vê. Pois, depois que Clayton Hunsicker me mostrou o alvo, fui para casa e comecei a acertar na mosca.

Uns dois anos depois, em uma convenção em Cleveland, um orador, cujo nome esqueci há muito tempo, fez uma vigorosa palestra sobre o que ele chamou de "Regra Número Um da Arte de Vender". Aqui está:

> Certa noite, um dos prédios principais da Universidade Wooster pegou fogo, ardendo inteiramente. Dois dias depois, Louis E. Holden, o jovem reitor da universidade, foi procurar Andrew Carnegie.
>
> Indo imediatamente ao ponto, Louis Holden disse:
>
> — Sr. Carnegie, o senhor é um homem ocupado e eu também. Não tomarei mais do que cinco minutos do seu tempo. O edifício principal da Wooster University pegou fogo há duas noites, e quero que o senhor me dê cem mil dólares para construir um novo.
>
> Carnegie respondeu:

— Rapaz, não acredito em dar dinheiro para universidades.

Holden replicou:

— Mas acredita em ajudar os jovens, não acredita? Sou jovem, Sr. Carnegie, e estou num tremendo buraco. Entrei no negócio de "fabricar" jovens universitários a partir de matéria-prima em estado bruto, e agora a melhor parte de minha fábrica foi destruída. O senhor sabe como se sentiria se uma de suas grandes usinas siderúrgicas fosse destruída, em meio ao pico da demanda.

Carnegie:

— Rapaz, levante cem mil dólares em trinta dias que lhe darei outros cem mil.

Holden:

— Dobre para sessenta dias que virei procurá-lo.

Carnegie:

— Feito.

Pegando o chapéu, o Dr. Holden tomou a direção da porta. O Sr. Carnegie exclamou:

— Lembre-se, são só sessenta dias.

— Tudo bem, senhor, eu sei — respondeu Holden.

A entrevista de Louis Holden não durou mais de *quatro minutos*. Em cinqüenta dias ele levantou cem mil dólares.

Quando entregou seu cheque, Andrew Carnegie disse, rindo:

— Rapaz, se você vier me ver outra vez, não fique tanto tempo. Sua visita me custou 25 mil dólares por minuto.

Louis Holden tinha acertado bem na mosca. Ele sabia que um dos pontos mais frágeis do coração de Andrew Carnegie relacionava-se com rapazes ambiciosos.

O Dr. Holden, provavelmente, teve muito a ver com a venda da idéia, muito maior do que o levantamento de cem mil dólares para a Universidade Wooster. Andrew Carnegie acabou por dar muito mais de cem milhões de dólares para o desenvolvimento da educação.

Aplique esta regra: *tente descobrir o que as pessoas desejam e depois ajude-as a conseguirem isso.* Este é o maior segredo para vender qualquer coisa.

Recentemente, assisti a uma demonstração soberba do modo certo e do modo errado para aplicar esta regra. Eu me encontrava numa grande cidade da Costa Oeste, em determinada ocasião, quando um homem, a quem chamaremos de Brown, telefonou para mim no hotel.

Disse ele:

— Sr. Bettger, meu nome é Brown. Vou promover um curso de vendas aqui na cidade, para jovens vendedores, e tenho esperança de que poderemos começar no mês que vem. Estou organizando uma reunião monstro, para hoje à noite, no hotel onde o senhor está hospedado. Gastamos uma quantia considerável com a divulgação dessa reunião, de modo que, acredito, teremos algumas centenas de pessoas presentes. Eu ficaria muito agradecido se o senhor pudesse dizer qualquer coisa para nós. Teremos diversos outros oradores, de modo que não seria preciso falar mais que dez minutos. A experiência me ensinou que, a menos que possamos formar um curso com um grande efetivo a partir dessa reunião, a idéia estará derrotada. Assim sendo, eu ficaria muito grato pela sua ajuda etc... etc...

Eu não conhecia o tal de Brown. Por que deveria sair dos meus cuidados para ajudá-lo a promover o *seu* projeto? Eu estava ocupado com muitas coisas que queria fazer para mim mesmo. Além do mais tinha que me preparar para ir embora no dia seguinte. Assim, eu lhe desejei sucesso, mas pedi que, por favor, me dispensasse, por causa da extrema inconveniência que aquilo significava para mim naquela oportunidade.

Mais tarde, contudo, no mesmo dia, outro homem me telefonou. Chamaremos a este de White. Ele me telefonou para falar exatamente sobre o mesmo projeto. Vamos ouvir a sua abordagem:

— Sr. Bettger, meu nome é White... Joe White. Estou sabendo que o Sr. Brown já lhe falou sobre nossa reunião de abertura no hotel. Sei como deve estar atarefado, preparando-se para deixar nossa cidade, mas se houver algum modo de o senhor dar um jeito para estar conosco, por uns poucos minutos, poderia fazer uma grande coisa por nós. Sei que está interessado em ajudar gente jovem, e nossa platéia será constituída, em grande parte, de jovens vendedores, ávidos para se aperfeiçoarem e progredirem. O senhor sabe o enorme significado que este tipo de treinamento teria tido, para o senhor, quando estava tentando começar. Não conheço *ninguém*, Sr. Bettger, que pudesse ser mais útil numa reunião deste tipo do que o senhor!

O primeiro homem cometeu o mesmo erro que cometi diversas vezes (e que poderia ter continuado a cometer pelo resto da minha vida, se não fosse Clayton Hunsicker). Falou sobre si e sua proposição e sobre o que *ele* queria. O segundo nem uma só vez se referiu ao que queria. Acertou seu tiro bem na mosca. Fez o seu apelo inteiramente segundo o *meu* ponto de vista. Foi impossível dizer "não" a este segundo tipo de apelo.

Diz Dale Carnegie: "Só há uma maneira, neste mundo de Deus, de fazer com que alguém faça alguma coisa. Já parou para pensar nisto? Sim, só há uma maneira. É fazendo com que a outra pessoa *queira* fazer a tal coisa. Lembre-se, não há outro jeito."

Pouco antes da II Guerra Mundial, estava fazendo uma série de palestras em diversas cidades do Oeste. Invariavelmente, depois que eu falava sobre este assunto, alguns homens faziam perguntas. Uma noite em Des Moines, Iowa, um homem de meia-idade indagou:

— Sr. Bettger, posso entender como essa idéia foi muito útil para o senhor, na venda de seguros de vida, mas eu vendo assinaturas de uma revista nacionalmente conhecida. Como poderia aplicá-la no *meu* trabalho?

Ele e eu tivemos uma discussão franca. Aquele homem tentara vender diversas linhas de produtos por alguns anos e, evidentemente, ficara muito cínico. Depois que sugeri um método de abordagem diferente, ele saiu, mas não achei que tivesse se entusiasmado muito com a nossa entrevista.

Na manhã do sábado seguinte, eu estava cortando o cabelo na barbearia do Hotel Fort Des Moines, quando o tal homem entrou, correndo, e disse que sabia que eu deixaria a cidade no primeiro trem da tarde, mas que simplesmente *tinha* que me dizer uma coisa.

— Depois da sua palestra na noite de terça-feira — disse ele, com um entusiasmo que me surpreendeu — percebi o motivo pelo qual não estava indo a parte alguma. Eu vinha tentando vender revistas a homens de negócios, mas muitos deles me diziam que andavam tão atarefados que não tinham tempo para ler as revistas que já assinavam. Na quarta-feira, consegui obter uma carta de um dos mais proeminentes juízes da cidade, dizendo que assina nossa revista porque lhe dá tudo o que é realmente importante e as notícias interessantes da semana *em uma única e curta noite de leitura*. Arranjei, depois, uma longa lista de homens de negócios proeminentes na cidade e que já são assinantes. Agora, Sr. Bettger, quando abordo um homem, mostro a carta do juiz e a lista. A própria objeção que vinha me atrapalhando até agora passou a ser meu maior trunfo. O que estou tentando lhe dizer é que não sou mais um *mascate de revistas*; vendo a homens de negócios algo que todos eles querem. Vendo a coisa mais preciosa nesta vida — *mais tempo*.

Ainda há poucos dias, aquele vendedor achava que a maioria das pessoas o menosprezava. Sentia pavor em procurar as pessoas. Agora, tinha uma visão inteiramente diferente do trabalho que fazia.

Ali estava o *mesmo* homem, vendendo o *mesmo* produto, na *mesma* cidade, tendo sucesso onde anteriormente falhara.

Conforme já falei, muitos anos atrás fui eleito superintendente de uma pequena escola dominical. Considerei que a necessidade imediata da escola fosse uma organização maior e, assim sendo, pedi ao pastor que me desse cinco minutos durante o culto do domingo seguinte. Eu sabia que tinha que fazer uma venda. Claro que *podia* ter me levantado e dito à congregação que tinham solicitado que eu realizasse aquele trabalho, e que, agora, esperava que cooperassem e me ajudassem, mas decidi que teria uma chance muito maior de conseguir o que *eu* queria, se lhes falasse sobre o que *eles* queriam. Eis o que falei:

— Quero gastar apenas alguns minutos para lhes falar de algumas das coisas que vocês querem. Muitos de vocês têm filhos. Querem que eles venham aqui, à escola dominical, conheçam outras crianças e aprendam mais coisas sobre a vida com as verdades escritas no Livro Sagrado. Vocês e eu queremos que nossos filhos evitem alguns dos erros que cometi, e que, possivelmente, alguns de vocês também cometeram. Como poderemos fazer isso?

"O único modo pelo qual poderemos fazer isso será através de uma organização maior. Vocês têm agora somente nove professores na escola dominical, incluindo o próprio pastor. Precisamos de pelo menos vinte e cinco. Alguns de vocês podem ter alguma hesitação em ensinar por sofrerem o mesmo medo que eu quando, há apenas doze meses, me encarreguei de uma turminha de meninos: o medo de não conhecer suficientemente a Bíblia. Pois bem, posso lhes garantir que vão aprender mais sobre a Bíblia, em seis meses, dando aula a essas criancinhas, durante vinte minutos todos os domingos, do que em seis anos de escola... e *vocês* serão grandemente beneficiados!

"Os casais podem estudar e preparar juntos as lições. É algo que lhes dará mais uma coisa em comum, que os aproximará mais. Se já têm filhos matriculados, eles se interessarão muito mais quando os virem em atividade. Lembram da parábola de Jesus sobre os três homens a quem foram dados os talentos? A vocês, homens e mulheres, foram dados muitos talentos. Não conheço melhor meio de aperfeiçoar e multiplicar seus talentos do que através do trabalho."

O que aconteceu? Naquela manhã tivemos um voluntariado de 21 novos professores. A princípio, não tínhamos crianças suficientes para todos, mas nós as dividimos. Algumas classes começaram com apenas duas ou três crianças. Depois fizemos uma campanha de casa em casa. Matriculamos todas, menos três crianças protestantes da comunidade de Wynnefield, na Pensilvânia. Finalmente, a pequena capela não foi mais suficiente para todos os membros, de modo que tivemos de construir uma nova igreja! E, numa campanha de três meses, os membros da Igreja Presbiteriana Unida de Wynnefield levantaram 180 mil dólares, graças à contribuição de 372 homens, mulheres e crianças.

Aqueles professores, certamente, não foram inteiramente responsáveis por esse recorde assombroso, mas o fato é que ele não poderia ter acontecido se não fosse pelo crescimento da escola dominical.

Quando se mostra a um homem o que ele deseja, ele moverá céus e terras para a sua obtenção.

Esta lei universal é de tão grande importância que tem precedência sobre todas as demais leis de relações humanas. Sempre foi e sempre será a mais importante. Sim, ela avulta como a Regra Número Um, acima de todas as outras na civilização.

Benjamin Franklin entendeu a importância desta lei. Chegou mesmo a redigir uma oração que o ajudava a consultar seu próprio coração. Quando li a autobiografia de Franklin, fiquei interessado ao descobrir que ele rezava aquela mesma oração por cinqüenta anos. Moro em Filadélfia, a mesma cidade onde Benjamin Franklin passou quase toda a sua vida, e ele sempre me serviu de inspiração.

Eu disse para mim mesmo: "Se aquela oração ajudou Benjamin Franklin, certamente que deverá me ajudar." Assim, venho repetindo-a há mais de vinte e cinco anos. Ela ajudou-me a descentralizar minha mente de mim mesmo e do que faria para concretizar uma venda, e a situá-la na pessoa a quem eu me dirigia e no que *ela* queria obter da venda.

Escreveu Franklin: "... e sendo Deus a fonte de toda a sabedoria, achei que seria justo e necessário solicitar a sua ajuda para obtê-la; com essa finalidade, redigi a seguinte oração que afixei nas minhas mesas estudo, a fim de consultá-la diariamente:

Aqui está a oração, a oração de Benjamin Franklin:

Ó Deus Todo-Poderoso! Pai generoso! Guia misericordioso! Aumente em mim a sabedoria que descobre o meu interesse mais verdadeiro. Fortalece a minha resolução para realizar o que essa sabedoria ditar. Aceite os favores que eu prestar a Vossos outros filhos como a única retribuição dentro de minhas forças por Vossos contínuos favores.

RESUMO

1. O mais importante segredo da arte de vender é descobrir o que a outra pessoa deseja e depois ajudá-la a achar o melhor modo para obter isso.

2. Só há uma maneira neste mundo para conseguir que alguém faça alguma coisa. Já pensou nisso? Sim, um único modo. Que é fazer com que a outra pessoa queira fazer essa coisa. Lembre-se, não há outro modo.

3. Quando você mostrar a um homem o que ele *quer*, ele moverá céus e terras para consegui-lo.

7 UMA VENDA DE 250 MIL DÓLARES EM 15 MINUTOS

DEPOIS QUE CLAYTON HUNSICKER, em Boston me ensinou o grande segredo de vender, meu entusiasmo atingiu novas alturas. Achei que tudo o que tinha a fazer era sair, ver um número adequado de pessoas — e vender seria fácil!

Durante os meses seguintes, meus registros de vendas *realmente* mostraram uma nítida melhoria, só que eu continuava a encontrar muita oposição. Não conseguia entender o motivo.

Até que um dia, durante um congresso de vendas no Bellevue-Stratford Hotel, em Filadélfia, ouvi um dos maiores vendedores do país revelar um método assombroso, que me deu a resposta em duas palavras. Era J. Elliott Hall, da cidade de Nova York. Embora já estivesse aposentado há alguns anos, seu nome ainda constava entre os maiores vendedores de todos os tempos.

O Sr. Hall contou-nos como falhara como vendedor, e que estava prestes a desistir, quando descobriu o motivo pelo qual estava fracassando. Ele disse que andara fazendo um número excessivo de "afirmações absolutas".

Para mim, aquilo pareceu uma bobagem.

Mas ele, então, eletrizou aquela grande platéia abrindo a reunião e dando a palavra a quem quer que desejasse fazer perguntas ou apresentar quaisquer objeções. Dois mil vendedores começaram a detonar perguntas de todas as direções — objeções que seus clientes e clientes em perspectiva vinham usando diariamente.

O entusiasmo atingiu o ponto máximo quando Elliott Hall deu uma superdemonstração de como enfrentar aquelas objeções, não com respostas espertas encontradas em livros do tipo "Como Enfrentar Objeções". Ele as enfrentou *fazendo perguntas*.

Não tentou dizer a seus objetores que estavam errados, nem quis demonstrar como era muito mais esperto do que eles. Simplesmente fez perguntas com as quais tinham que concordar. E continuou fazendo perguntas, até que as respostas resultassem em uma única conclusão, uma conclusão sólida, baseada em fatos.

A lição profunda que aprendi com aquele mestre da arte de vender mudou todo o meu modo de pensar. Ele nunca dava a impressão de estar tentando persuadir ou influenciar quem quer que fosse

51

para o *seu* modo de pensar. As perguntas de Elliot Hall só tinham um objetivo:

Ajudar a outra pessoa a reconhecer o que ela desejava e, depois, ajudá-la a decidir como obtê-lo.

Segundo a platéia, uma das objeções mais difíceis a vencer era: "Eu ainda não decidi se vou querer ou não."

— Minha obrigação — respondeu o Sr. Hall — é ajudar o cliente a se decidir. Não há nenhuma dúvida no mundo tão importante quanto "se" ou "não". — E neste ponto ele voltava às perguntas.

"Quero pensar sobre isto em casa", segundo um dos vendedores, era a maior objeção que encontrava.

— Vou descobrir se podemos ajudá-lo a pensar — respondeu o Sr. Hall. — O senhor não tem que pensar em... — e lá voltava ele às suas perguntas, a fim de ajudar o objetor a descobrir exatamente em que queria pensar.

Mesmo com toda a sua persistência, ninguém teve a impressão de que Elliott Hall estava discutindo ou contradizendo alguém. Ele foi extremamente enérgico, mas nem uma só vez teimou, discutiu, contradisse ou exibiu uma opinião inabalável. Sua atitude não era do tipo "sei que estou certo e vocês errados".

Seu método de ajudar as pessoas a cristalizarem suas idéias — com perguntas — continua a ser, segundo a minha experiência, sem paralelo. Nunca me esquecerei dele ou da essência do que disse.

Enquanto o ouvia, olhos esbugalhados, resolvi que, daquele dia em diante, eu transformaria em uma das minhas maiores ambições a tentativa de cultivar a grande arte que ele dominara com tanta perfeição, a arte de fazer perguntas.

Poucos dias depois da palestra do Sr. Hall, um amigo telefonou para dizer-me que um grande industrial de Nova York estava no mercado para comprar um seguro de vida de 250 mil dólares. Ele queria saber se eu estava interessado em apresentar uma proposta. A companhia dele estava captando um empréstimo no mesmo valor e os credores insistiam numa apólice de seguro de idêntico montante sobre a vida do seu presidente. Cerca de dez grandes companhias de Nova York já haviam apresentado propostas bastante complexas.

— Claro que estou interessado — respondi —, se você me arranjar uma entrevista.

Mais tarde, naquele mesmo dia, meu amigo ligou, pois conseguira a entrevista para a manhã seguinte, às 10:45. Eis o que aconteceu:

Primeiro, fiquei sentado à minha escrivaninha pensando no que fazer. A palestra de Elliott Hall ainda estava fresca na minha cabeça. Decidi preparar uma série de perguntas. Por meia hora não cheguei a parte alguma. Depois, algumas perguntas começaram a pipocar, perguntas que deveriam ajudar aquele homem a cristalizar seu pensamento e a tomar uma decisão. Precisei de quase duas horas. Finalmente, consegui escrever quatorze perguntas, aleatoriamente. Reescrevia-as numa seqüência mais lógica.

Na manhã seguinte, no trem para Nova York, estudei as perguntas vezes sem conta. Quando cheguei à estação Pensilvânia, estava tão excitado que mal conseguia esperar a hora da entrevista. Para aumentar ainda mais a minha confiança, decidi dar um tiro no escuro. Telefonei para um dos maiores especialistas de Nova York em exames clínicos e marquei consulta para o meu cliente em perspectiva para as 11:30.

Ao chegar, fui recebido pela sua secretária. Ela abriu a porta do presidente e a ouvi dizer:

— Sr. Booth, está aqui um Sr. Bettger, de Filadélfia, para vê-lo. Diz que tem uma entrevista marcada para as dez e quarenta e cinco.

BOOTH: Oh, sim. Mande-o entrar.

EU: Sr. Booth!

BOOTH: Como vai, Sr. Bettger? Sente-se. *(O Sr. Booth esperou que eu falasse, mas esperei por ele.)* Sr. Bettger, receio que o senhor esteja perdendo o seu tempo.

EU: Por quê?

BOOTH *(Apontando para uma pilha de propostas e folhetos sobre sua mesa.)*: Já recebi propostas de todas as principais companhias de Nova York, três das quais mandadas por amigos meus — um deles muito íntimo; jogamos golfe todo fim de semana. Ele trabalha para a New York Life, uma companhia muito boa, não é?

EU: Não há melhor no mundo!

BOOTH: Bem, Sr. Bettger, nestas circunstâncias, se o senhor ainda acha que quer me submeter uma proposta, pode fazer os cálculos para uma apólice no valor de 250 mil dólares, num plano comum para a minha idade, quarenta e seis anos, e mande-a pelo correio. Vou colocá-la junto com essas outras e, dentro das próximas duas semanas, espero chegar a uma decisão. Se o seu plano for o mais barato e melhor, o negócio será seu. Mas acho que só está perdendo o seu tempo e o meu.

EU: Sr. Booth, se o senhor fosse meu irmão, eu lhe diria o que vou dizer agora.

BOOTH: O que é?

EU: Sabendo o que sei sobre o ramo de seguros, se o senhor fosse meu irmão, eu lhe diria para pegar essas propostas e atirá-las imediatamente na cesta de papéis.

BOOTH (*Obviamente atônito.*): Por que diz isso?

EU: Bem, em primeiro lugar, para interpretar corretamente essas propostas, o senhor vai precisar de um atuário, e são precisos sete anos para formar um atuário. Mas, mesmo que o senhor fosse capaz de selecionar a proposta mais barata hoje, daqui a cinco anos a companhia escolhida poderá ser uma das mais caras desse grupo. Isto aconteceu antes. Para ser franco, as companhias que selecionou estão entre as melhores do mundo. O senhor poderia pegar todas essas propostas, espalhá-las em cima da mesa, fechar os olhos, e a que por acaso apontasse poderia perfeitamente ser a que representa menores custos, a mesma que o senhor escolheria cuidadosamente após *semanas* de deliberação. Agora, Sr. Booth, meu trabalho é ajudá-lo a chegar a uma decisão final. Para tanto, devo fazer algumas perguntas. Está bem para o senhor?

BOOTH: Certo. Claro, vá em frente.

EU: Tal como estou entendendo as coisas, a sua companhia está pleiteando uma linha de crédito de um quarto de milhão de dólares. Parte do negócio é que o senhor faça um seguro de vida no valor de 250 mil dólares e que os beneficiários da apólice sejam os seus credores. É isto mesmo?

BOOTH: Sim, está certo.

EU: Em outras palavras, eles têm confiança *no senhor*, se o senhor continuar vivo, mas, no caso de sua morte, não têm a mesma confiança na sua companhia. Não é isso, Sr. Booth?

BOOTH: Sim, acho que é isso mesmo.

EU: Então, por que não considera como sendo da maior importância... na verdade, a *única* coisa de importância... fazer imediatamente esse seguro de vida e transferir o risco para as companhias seguradoras? Imaginemos que o senhor acorde no meio da noite e lhe ocorra que o seguro contra incêndio de sua fábrica em Connecticut expirou ontem. Ora, provavelmente o senhor ficaria sem dormir o resto da noite! E a primeira coisa que faria amanhã de manhã seria telefonar para o seu corretor mandando que ele o protegesse imediatamente, não é mesmo?

BOOTH: Claro que sim.

EU: Bem, os seus credores consideram este seu seguro de vida como tendo a mesma importância que o senhor dá ao seguro contra fogo da sua fábrica. Não é possível que, se ocorresse alguma coisa que o incapacitasse de fazer este seguro de vida, os seus credores reduzissem ou até mesmo cortassem inteiramente o empréstimo?

BOOTH: Não sei, mas acho que é bem possível.

EU: E se o senhor não conseguisse fazer o empréstimo, provavelmente não significaria uma perda de muitos milhares de dólares? Talvez, mesmo, a diferença entre lucros e perdas no balanço deste ano?

BOOTH: Onde está querendo chegar?

EU: Marquei hora para o senhor, hoje de manhã, com o Dr. Carlyle, um dos mais importantes médicos de Nova York, especializado em exames clínicos. Seu exame é reconhecido por praticamente todas as companhias de seguro. É o único médico que conheço cujo exame, sozinho, é aceito para um seguro de vida no valor de 250 mil dólares. Tem aparelhos de eletrocardiograma e fluoroscopia, além de todos os demais equipamentos necessários. Tudo aqui mesmo, no consultório dele, no nº 150 da Broadway.

BOOTH: Os outros corretores não podem fazer a mesma coisa por mim?

EU: Não esta manhã! Sr. Booth, reconhecendo a enorme importância de que esse exame seja feito imediatamente, suponhamos que o senhor telefonasse para um desses corretores, esta tarde, e lhe dissesse para tomar as devidas providências imediatamente. A primeira coisa que ele faria seria telefonar para um de seus amigos, um médico especializado, e tentaria fazê-lo vir esta tarde ao seu escritório para um exame preliminar. Se os documentos deste médico forem remetidos pelo correio hoje à noite, um dos diretores-médicos dessa companhia se sentaria à sua mesa, amanhã pela manhã no escritório principal da firma, examinando-o no papel. Se decidisse que o senhor valia o risco de um quarto de milhão de dólares, autorizaria, então, um segundo exame por outro médico que tivesse o equipamento necessário. Tudo isto significa mais atraso. Por que correr esse risco por mais uma semana ou, mesmo, mais um dia?

BOOTH: Oh, suponho que eu ainda vá viver mais um pouco.

EU: Imaginemos que o senhor acorde, amanhã, com a garganta inflamada e tenha que ficar de cama por uma semana, gripado? Aí, quando tiver melhorado o bastante para fazer esse difícil exame, a companhia de seguros poderia dizer: "Ora, Sr. Booth, achamos que o senhor vai ficar inteiramente bom, mas surgiu um pequeno problema em decorrência de sua recente enfermidade e teremos que adiar tudo por uns três ou quatro meses, para sabermos se se trata de um estado temporário ou algo permanente.'' O senhor, então, teria que dizer a seus credores que o resultado final do exame fora adiado. Não acha possível que eles também adiem a concretização do empréstimo que o senhor quer? Existe esta *possibilidade*, não é, Sr. Booth?

BOOTH: Sim, claro que existe esta possibilidade.

EU *(Olhando para o relógio.)*: Sr. Booth, são onze e dez agora. Se sairmos imediatamente, conseguiremos estar no consultório do Dr. Carlyle às onze e meia. O senhor dá a impressão de nunca ter se sentido melhor em toda a sua vida. Se está tão bem do lado de dentro quanto parece, poderá ter a apólice vigendo em quarenta e oito horas. O senhor *está* se sentindo bem, não está, Sr. Booth?

BOOTH: Sim, estou me sentindo muito bem.

EU: Então, se esse exame é a coisa mais importante do mundo, por que não o fazer agora?

BOOTH: Sr. Bettger, quem o senhor representa?

EU: Eu represento o senhor!

BOOTH *(Abaixando a cabeça, imerso em meditação. Acende um cigarro. Após alguns momentos levanta-se devagar, olha para cima, vai até a janela e volta para o cabide. Pega o chapéu no cabide e se vira para mim.)*: Vamos!

Fomos até o consultório médico no metrô da Sexta Avenida. Depois que o exame terminou, satisfatoriamente, o Sr. Booth pareceu subitamente tornar-se meu amigo. Insistiu em me levar para almoçar. Quando começamos a comer, ele olhou para mim e começou a rir.

— A propósito — perguntou —, que companhia você representa?

8 ANÁLISE DOS PRINCÍPIOS BÁSICOS USADOS PARA EFETUAR ESSA VENDA

ANALISEMOS ESSA VENDA. Sei o que você está pensando agora. É o seguinte: "Como posso usar essa técnica? Pode ser que seja boa para você. Deu para vender seguro, mas como é que *eu* posso usá-la?" Pois bem, você pode usar esta mesma técnica para vender "sapatos, navios e lacres" e aqui está como fazê-lo:

1. MARQUE ENTREVISTAS

Seja esperado! Você ganha uma grande vantagem quando marca a entrevista. Diz à outra pessoa que sabe atribuir o exato valor do tempo *dela*. E, assim, inconscientemente, essa pessoa vai valorizar mais o *seu* tempo. Eu nunca teria tido a menor chance caso tivesse ido a Nova York para ver aquele atarefado executivo *sem uma entrevista marcada*.

2. ESTEJA PREPARADO

O que você faria se fosse convidado para falar perante uma assembléia que reunisse as câmaras Júnior e Sênior do Comércio e todos os demais clubes de serviço de sua comunidade e lhes prometessem pagar um bom dinheiro? Certamente que passaria muitas horas se preparando, não é mesmo? Ficaria noites em claro planejando exatamente como abrir sua palestra, definindo os pontos que gostaria de cobrir e redigindo o seu fechamento. Você trataria a coisa como um grande evento, não é mesmo? E por quê? Porque você estaria diante de uma platéia de trezentas ou mais pessoas. Pois muito bem, não se esqueça de que não há a menor diferença entre uma platéia de quatrocentas pessoas e outra de uma só. E que essa platéia de uma única pessoa pode significar muito mais dinheiro. Com o passar dos anos, pode vir a somar muito dinheiro *mesmo*. Por que, então, não tratar cada entrevista como um grande evento?

Depois que recebi aquele telefonema do meu amigo, dizendo

que me arranjara uma entrevista para a manhã do dia seguinte, fiquei sentado à minha escrivaninha provavelmente por uns trinta minutos, imaginando o que diria ao Sr. Booth. Não conseguia pensar em nada que me agradasse. "Bem", pensei, "estou cansado agora. Penso nisto amanhã de manhã, no trem."

Foi então que aquela vozinha cochichou no meu ouvido: "Amanhã de manhã coisa nenhuma! *Vai pensar agora!* Você sabe como perde a confiança quando sai despreparado. Esse homem concordou em receber você, Bettger. Vamos nos *preparar!* E vá procurá-lo com atitude de vencedor!

Depois de algum tempo a seguinte pergunta me veio à cabeça: "Qual é a questão-chave?" Não foi difícil responder. Crédito. Aquele fabricante de seda precisava de crédito. Seus credores insistiam em que fizesse um seguro de vida. Cada dia, cada hora que ele adiasse esse problema, seu risco aumentava. O custo líquido do seguro, na verdade, não tinha importância.

Esta simples idéia veio a ser uma ajuda constante para mim na preparação de uma entrevista ou palestra. Eu começaria bem se, primeiro, fizesse a mim esta pergunta:

3. QUAL É A QUESTÃO-CHAVE?

Ou qual é o principal ponto de interesse?

Ou qual é o ponto mais vulnerável?

Foi isto que fez com que eu ganhasse aquela competição com dez outras grandes companhias.

Veja só o que o Sr. Booth me disse enquanto almoçávamos naquele dia:

— Suponho que alguns dos meus amigos corretores vão ter um grande choque. Mas eles estavam me pressionando há semanas, atropelando-se uns aos outros, tentando me demonstrar como o plano de cada um seria muito mais barato que o dos demais. Você não atropelou ninguém, mas fez com que eu me desse conta do risco que estava correndo por esperar. — Ele acrescentou com um sorriso: — Na verdade, fiquei apavorado com a possibilidade de perder aquele crédito. Decidi que seria burrice de minha parte sair para o almoço *antes* de fazer o tal exame.

Essa venda ensinou-me uma grande lição: nunca tente cobrir pontos demais; não deixe obscuro o ponto principal; descubra qual é ele e depois o mantenha sempre bem em foco.

4. Anote as Palavras-Chave

É comum que uma pessoa vá para uma entrevista, ou conferência, ou ainda que dê um telefonema importante, e
(a) Rememore os pontos que tem de mencionar;
(b) Fale nesses pontos em uma ordem lógica;
(c) Seja breve e atenha-se à questão principal.
A menos que antes eu tome nota, este é um ponto onde costumo me dar mal. Ao me preparar para a entrevista com Booth, anotei as palavras-chave. Durante a viagem de trem, revi minhas notas vezes sem conta, até saber exatamente o que diria e como. Isso me deu confiança. Nem uma só vez tive que consultar minhas notas durante a entrevista. No entanto, se minha memória falhar quando eu estiver entrevistando uma pessoa, não hesito em puxar minha ficha onde registrei as palavras-chave.

5. Faça Perguntas

Das quatorze perguntas que havia preparado na véspera, na realidade usei onze. Toda a entrevista, aliás, durou quinze minutos e constituiu-se em grande parte de perguntas e respostas. A importância de *fazer perguntas* é tamanha e tem sido um fator tão importante nos bons resultados que porventura eu tenha tido como vendedor, que dedicarei todo o capítulo seguinte a isso.

6. Detone Dinamite!

Faça qualquer coisa surpreendente, espantosa. Freqüentemente é necessário despertar as pessoas e incitá-las a agir para seu próprio benefício. É melhor não fazer isso, contudo, se não estiver preparado para sustentar a ação explosiva com fatos e não opiniões.
No meu caso, isto aconteceu quando eu disse para o Sr. Booth: "Sabendo o que sei sobre o ramo dos seguros, se o senhor fosse meu irmão eu lhe diria para pegar essas propostas e atirá-las imediatamente na cesta de papéis!"

7. Desperte o Medo

Basicamente, só há dois fatores que estimulam os homens a entrar em ação: desejo de lucro e medo de perda. O pessoal que trabalha em publicidade nos diz que o medo é o fator que mais motiva quando existe risco ou perigo. Toda a conversa com Booth foi baseada no *medo* e no risco desnecessário que ele estava correndo de perder um crédito de 250 mil dólares.

8. CRIE CONFIANÇA

Se você é absolutamente sincero, há muitos modos de criar confiança nas outras pessoas. Acredito que as quatro regras seguintes me ajudaram a ganhar a confiança daquele homem que, até então, eu não conhecia:

(a) Seja um Assistente de Compras

Na preparação para a entrevista, eu me imaginei como um empregado da companhia do Sr. Booth. Desempenhei o papel de "assistente de compras encarregado dos seguros". Neste campo, o meu conhecimento era superior ao dele. Sentindo-me assim, não hesitei em colocar todo o entusiasmo e animação que pude nas palavras que pronunciei. Isso me deixou absolutamente sem medo. Simular o papel de assistente de compras me ajudou tanto nessa venda que daí em diante sempre o desempenhei. Eu insistiria com todo jovem que esteja se iniciando em vendas, ou no trato com o público, que se torne um assistente de compras. As pessoas não gostam que vendam coisas para elas. Gostam de comprar.

(b)"Se o senhor fosse meu irmão, eu lhe diria o que vou dizer agora..."

Um poderoso meio de conquistar a confiança da outra pessoa, quando se pode usá-lo com toda a sinceridade. Foram praticamente as primeiras palavras que disse para o Sr. Booth. Eu o encarei firmemente nos olhos e as disse com sentimento. Em seguida, esperei que reagisse. Ele fez a pergunta que a maioria dos clientes em potencial faz: "O que é?"

(c) Elogie Seus Competidores.

"Se não der para fazer o bem, pelo menos não faça o mal", é *sempre* uma regra segura. Descobri que este é um dos meios mais rápidos de se conquistar a confiança do interlocutor. Tente dizer algo de bom sobre o outro sujeito. Quando o Sr. Booth me disse que tinha um amigo na New York Life, acrescentou: "Uma companhia muito boa, não é?" Rapidamente, respondi: "Não há melhor no mundo!" E, mais rapidamente ainda, voltei às minhas perguntas.

(d)"Estou em condições, agora, de fazer algo pelo senhor que nenhuma outra pessoa poderia fazer."

Uma vigorosa frase de venda. Quando dita com sinceridade, tem um efeito surpreendente. Deixe-me dar um exemplo:

Quando Dale Carnegie e eu estávamos nos preparando para embarcar num trem, certa noite em Des Moines, Iowa, Russell Levine, um dinâmico membro da Câmara Júnior de Comércio, que patrocinava nosso curso, apareceu na estação para se despedir. Russell disse:

— Uma de suas frases vendeu todo um carregamento de óleo para mim.

— Conte-me como foi — pedi.

Russell disse que havia telefonado para um cliente, na véspera, dizendo:

— Estou em condições, agora, de fazer uma coisa pelo senhor que nenhuma outra pessoa poderia fazer.

— Que é? — perguntou o cliente, surpreso.

— Posso lhe arranjar um vagão-tanque de óleo.

— Não, obrigado.

— Por que não? — quis saber Russell.

— Não tenho disponibilidade de armazenamento.

— Sr. D. — disse Russell, energicamente —, se o senhor fosse meu irmão eu lhe diria exatamente o que vou dizer agora.

— E o que é?

— Fique com este carregamento. Vai haver falta e pode ser que não o consiga mais tarde, quando estiver precisando com mais urgência. Além do mais, vai haver um grande aumento de preço.

— Não, obrigado — repetiu o homem. — Não tenho espaço aqui para armazenar mais nada.

— Alugue um depósito — sugeriu Russell.

— Não, não. Vou ter que deixar passar.

Mais tarde, quando Russell retornou ao seu escritório, encontrou um recado para ligar ao tal homem. Russell ligou, para ouvi-lo dizer:

— Russell, aluguei uma garagem velha onde posso armazenar aquele óleo, de modo que você me vendeu o tal vagão!

9. EXPRESSE SINCERA ADMIRAÇÃO PELO VALOR DO SEU OUVINTE

Todo mundo gosta de se sentir importante. As pessoas têm fome de elogios. As pessoas carecem de sincera admiração. Mas nada de exageros; é melhor ser moderado quanto a isso. Sei que aquele homem de negócios bem-sucedido ficou satisfeito quando eu disse: "Eles têm confiança *no senhor*, se o senhor continuar vivo, mas, no caso de sua morte, não têm a mesma confiança em sua companhia. Não é isso mesmo?"

10. Acredite Que Vai Fechar a Venda

Tenha uma atitude otimista, de vencedor. Arrisquei-me ao marcar o exame com o Dr. Carlyle antes mesmo de ter visto meu cliente em potencial. Pus todas as minhas fichas num vencedor.

11. Ponha a Outra Pessoa na Entrevista

Anos mais tarde, depois que comecei a aprender mais sobre os princípios básicos, analisei esta venda e fiquei surpreso ao constatar que usara as palavras "você" ou "seu" *sessenta e nove* vezes nessa curta entrevista de quinze minutos. Não me lembro onde, pela primeira vez, vi este teste, mas é um meio excelente para você saber se está seguindo a regra mais importante de todas:

Veja as coisas do ponto de vista da outra pessoa e fale em termos de suas carências, necessidades e desejos.

Quer fazer com você mesmo um teste muito interessante e útil? Escreva o que disse na sua última entrevista de vendas. Depois veja em quantos lugares pode cancelar os pronomes "eu" ou "nós" e os substitua por "você" ou "senhor" ou "seu". Ponha o *outro* na sua entrevista.

9 COMO FAZER PERGUNTAS AUMENTOU A EFICIÊNCIA DAS MINHAS ENTREVISTAS DE VENDAS

UMA NOVA IDÉIA às vezes produz mudanças rápidas e revolucionárias no modo de pensar de um homem. Por exemplo, até antes de acontecer aquela venda em Nova York, eu estabelecera para mim mesmo o objetivo de me tornar um corretor de seguros cuja produção somava 250 mil dólares. "Um produtor de quarto de milhão de dólares." Achava que trabalhando duro e de forma consistente conseguiria chegar lá.

Eis que, de repente, eu produzia um quarto de milhão num *único dia*! Fantástico! Como é que podia ser? Apenas uma semana antes, um quarto de milhão por ano me parecia uma coisa enorme. Agora, eu passara a pensar que *um milhão* era o meu objetivo!

Esses eram alguns dos pensamentos que assaltaram a minha cabeça naquela noite, no trem de volta para Filadélfia. Era como se eu estivesse numa embriaguez emocional. Sentia-me estimulado demais para ficar sentado na poltrona. Andei para a frente e para trás ao longo do corredor do vagão. Todos os lugares estavam ocupados, mas não me lembro de ter visto uma única alma. Vezes sem conta repassei todos os detalhes da venda. Tudo o que fora dito, cada palavra. O que o Sr. Booth dissera. O que eu dissera. Finalmente me sentei e escrevi toda a entrevista.

"Como essa viagem teria sido totalmente fútil e ridícula", disse para mim mesmo, "se eu não tivesse assistido àquela palestra de Elliott Hall, em que ele ressaltava a importância de fazer perguntas." A verdade era que, apenas poucos dias antes, eu nem sequer teria considerado a possibilidade de ir a Nova York para uma tentativa daquelas.

O que percebi foi o seguinte: se eu tivesse tentado dizer as mesmas coisas sem colocá-las na forma de perguntas, teria sido chutado daquela sala em menos de três minutos! Embora tivesse dito o que era preciso com todo o vigor e entusiasmo que pude, aquele industrial bem-sucedido nem só uma vez demonstrara qualquer ressentimento. Colocar minhas idéias em forma de perguntas serviu para mostrar como me sentia a respeito do que ele devia fazer, mas, ao mesmo tempo, conservou-o sentado na cadeira do comprador. Cada vez que oferecia uma objeção ou fazia um comentário, eu devolvia a bola para ele com outra pergunta. Quando finalmente se levantou, pegou o chapéu e disse "Vamos!", vi que ele se sentia como se a idéia fosse sua.

Alguns dias depois, consegui uma carta de apresentação, com um amigo, para o jovem presidente de uma firma de engenheiros-construtores, que estava executando diversos projetos importantes naquele tempo. Era uma das mais promissoras organizações da cidade.

O jovem presidente leu minha carta num relance e disse:

— Se é sobre seguros que você quer falar, não estou interessado. Acabei de comprar outra apólice há cerca de um mês.

Havia algo de tão definitivo no seu jeito, que achei que seria fatal se eu tentasse ser persistente. No entanto, como era sincero o meu desejo de conhecer melhor aquele homem, arrisquei uma pergunta:

— Sr. Allen, como foi que o senhor veio trabalhar no ramo de construções?

Fiquei ouvindo durante três horas.

Finalmente, sua secretária entrou com uns cheques para serem assinados. Quando ela saiu, ele ergueu os olhos para mim, porém não disse nada. Sustentei seu olhar em silêncio.

— O que é que você quer que eu faça? — perguntou.

— Quero que responda algumas perguntas — repliquei.

Saí dali sabendo exatamente o que ele tinha em mente: suas esperanças, ambições, objetivos. Durante a entrevista, ele comentou:

— Não sei por que estou lhe contando todas essas coisas. Você está sabendo agora mais do que já contei para alguém, inclusive minha mulher!

Acredito que ele descobriu coisas que não sabia, coisas que ainda não tinham se cristalizado em sua cabeça.

Agradeci a sua confiança e lhe disse que iria pensar e estudar as informações que ele me dera. Duas semanas mais tarde, apresentei, a ele e a seus dois sócios, um plano para a perpetuação e proteção do seu negócio. Era véspera de Natal. Saí do escritório daquela companhia às quatro da tarde, com ordens assinadas no valor de 100 mil dólares, cobrindo a vida do presidente; outros 100 mil relativos ao vice-presidente e 25 mil ao diretor-tesoureiro.

Esse foi o início de uma forte amizade pessoal com aqueles homens. Durante os dez anos seguintes, os negócios que fiz com eles cresceram até atingir a soma de 750 mil dólares.

Nem uma só vez senti que tinha "vendido" alguma coisa a eles. Eles sempre "compraram". Ao invés de tentar lhes dar a impressão de que sabia toda as respostas — como era meu hábito antes de ter ouvido a palestra de Elliott Hall —, *fiz com que me dessem as respostas,* basicamente fazendo perguntas.

Durante um quarto de século achei este modo de lidar com as pessoas cem vezes mais eficiente do que tentar conquistá-las para o *meu* modo de pensar.

Na época em que aprendi isso com o Sr. Hall, pensei que ele tivesse descoberto um novo modo de pensar. Pouco tempo depois, descobri que outro grande vendedor, daqui mesmo de Filadélfia, dedicou um pouco do seu tempo para escrever algo a este respeito 150 anos antes de eu ter conhecido o Sr. Hall. É bem possível que o leitor já tenha ouvido falar dele. Seu nome era Benjamin Franklin.

Franklin disse como veio a utilizar a idéia de um homem que viveu em Atenas, na Grécia, 2.200 anos antes de ele, Ben Franklin, ter nascido. O nome desse homem era Sócrates. Usando o seu método de fazer perguntas, Sócrates fez algo que, em toda a História, poucos homens foram capazes de fazer: mudou a maneira de pensar do mundo.

Fiquei surpreso ao descobrir que, quando jovem, Franklin não conseguia se dar bem com as outras pessoas, fazia inimigos porque discutia, insistia em afirmações absolutas e tentava dominar seus interlocutores. Finalmente, veio a perceber que só conseguia sair perdendo. Foi então que se interessou em estudar o método socrático. E teve enorme prazer em desenvolver esta arte e praticá-la continuamente.

> "Acredito", escreveu Franklin, "que este hábito tenha sido muito vantajoso para mim quando tive oportunidades para persuadir as pessoas a aceitarem medidas que, de vez em quando, engajei-me em promover; e enquanto a finalidade principal de uma conversação for informar ou ser informado, eu gostaria que os homens de boa vontade e sensatos não reduzissem a sua capacidade de fazer o bem por assumirem uma atitude absoluta e arrogante, que tende a criar oposição e anular todos os objetivos pelos quais nos foi dado o dom da fala."

Franklin tornou-se um hábil experto em fazer com que as pessoas falassem; mas descobriu a seguinte regra, simples e a mais importante para *preparar* a outra pessoa para as suas perguntas.

"Quando outra pessoa afirmava algo que eu considerava errado, eu negava a mim mesmo o prazer de contradizê-la abruptamente, e de demonstrar de imediato o quanto de absurdo pudesse haver nas suas proposições; e, ao responder, eu começava por observar que *em certos casos ou circunstâncias sua opinião estaria certa, mas que no caso presente parecia haver uma certa diferença* etc. Em pouco tempo descobri a vantagem desta mudança no meu modo de ser; as conversas em que me engajava corriam mais satisfatoriamente. A maneira modesta através da qual eu apresentava minhas proposições angariava para elas uma recepção mais imediata e menos contestação; eu me mortificava menos quando descobria estar do lado errado e mais facilmente conseguia que os outros desistissem dos seus enganos e aderissem a mim quando acontecia de eu estar certo."

Este procedimento parecia tão prático e simples que comecei a tentar usá-lo nas minhas vendas. Ajudou-me imediatamente. Limitava-me a parafrasear as palavras de Franklin da melhor maneira que pudesse, a fim de ajustá-las à ocasião.

Fico envergonhado quando penso que costumava dizer: "Não posso concordar com você neste ponto porque..."

O hábito de dizer "você não acha" me ajuda a evitar fazer tantas afirmações. Por exemplo, se eu dissesse: "Devíamos evitar fazer tantas afirmações. Devíamos fazer mais perguntas.", eu teria meramente enunciado a *minha* opinião. Mas se eu disser: "Você não acha que deveríamos evitar fazer tantas afirmações? *Você não acha* que deveríamos fazer mais perguntas?" Não terei mostrado como penso? Mas, ao mesmo tempo, não o terei feito mais feliz ao perguntar qual é a sua opinião? Não é provável que o seu ouvinte tenha dez vezes mais entusiasmo se achar que a idéia é dele?

Você pode fazer *duas* coisas com uma pergunta:

1. Deixar a outra pessoa saber o que você pensa.

2. Ser, ao mesmo tempo, gentil com ela ao pedir a sua opinião.

Um educador famoso certa vez me disse: "Uma das melhores coisas que se obtém através da educação universitária é a atitude indagadora, o hábito de exigir e avaliar provas... a abordagem científica."

Bem, eu nunca tive a possibilidade de freqüentar uma universidade, mas sei que um dos melhores recursos para fazer com que as pessoas pensem é fazer-lhes perguntas. Perguntas pertinentes. Na verdade, em muitos casos eu descobri que é o *único* modo de fazer com que pensem!

SEIS COISAS QUE SE PODE GANHAR COM O MÉTODO DAS PERGUNTAS

1. Evitar discussões.
2. Não falar demais.
3. Ajudar a outra pessoa a reconhecer o que ela deseja. Em seguida, é possível ajudá-la a decidir como obter o que deseja.
4. Cristalizar o pensamento da outra pessoa. A idéia passa a ser *dela*.
5. Encontrar o ponto mais vulnerável com o qual fechar a venda — o ponto-chave.
6. Dar ao outro a sensação de importância. Quando você demonstra que respeita a opinião dele, é mais provável que ele respeite a sua.

"Uma das coisas mais importantes que se obtém através da educação universitária é a atitude indagadora, o hábito de exigir e avaliar provas... a abordagem científica."

10 COMO APRENDI A DESCOBRIR A MAIS IMPORTANTE RAZÃO PARA QUE UMA PESSOA FAÇA UMA COMPRA

EM DETERMINADA OCASIÃO, circulou uma história sobre um homem enorme e muito forte, numa casa noturna de Nova York. Ele permitia que qualquer pessoa na platéia o golpeasse no estômago com toda a força que tivesse. Diversos homens tentaram, inclusive Jack Dempsey, segundo se dizia, mas ninguém conseguiu, com um soco, nem mesmo abalar o tal homem forte. Uma noite, sentado na última fila, estava um sueco enorme que não falava uma só palavra de inglês. Alguém lhe disse que ele podia dar um soco. O mestre-de-cerimônias, ao cabo de algum tempo, conseguiu, com muita mímica, fazer o sueco entender que queriam que ele subisse ao palco e desse um soco no homem forte. O sueco foi até lá, tirou o paletó e arregaçou as mangas. O homem forte encheu o peito com uma inspiração profunda e preparou-se para o soco. O sueco rodopiou no chão, girou, mas em vez de acertá-lo no estômago, deu uma direita incrível no queixo do homem forte e o derrubou.

Por não ter compreendido o que esperavam que fizesse, o tal sueco, inconscientemente, aplicou uma das mais importantes regras da arte de vender. Escolheu o ponto mais vulnerável e concentrou tudo o que tinha nesse único ponto — o ponto-chave.

O próprio comprador em perspectiva nem sempre se dá conta de qual é a sua necessidade vital. Tomemos o exemplo do Sr. Booth, aquele fabricante de seda de Nova York. Ele supunha que o ponto-chave da questão era conseguir um seguro ao menor custo possível. Estava a fim de estudar a coisa a fundo. Tinha corretores de seguros nos seus calcanhares noite e dia. Era exatamente como toda aquela gente socando o homem forte no estômago.

Eu descobri, através das perguntas que lhe fiz, que era possível tirar de sua cabeça o que ele *pensava* ser o assunto mais importante e colocá-lo na trilha do que era realmente a questão mais vital de todas.

68

A primeira coisa que me lembro de ter lido e que me fez parar para pensar sobre a importância de encontrar o ponto-chave foi algo que Lincoln disse: "Muito do meu sucesso como advogado reside no fato de que eu estava sempre disposto a ceder ao advogado da outra parte seis pontos, a fim de ganhar o sétimo — *se o sétimo fosse o mais importante.*"

O julgamento da Estrada de Ferro Rock Island, ao qual me referirei mais tarde, é um exemplo soberbo de como Lincoln aplicava esta regra. No último dia do julgamento, o advogado oponente gastou duas horas para fazer o sumário do caso. Lincoln podia ter consumido mais tempo, argüindo a validade de diversos pontos defendidos por ele. Mas, para não correr o risco de confundir o júri, Lincoln deixou passar tudo, com uma exceção: o ponto-chave. Para tanto, precisou de menos de um minuto. Mas ganhou o caso.

Já falei com milhares de vendedores, e descobri que muitos deles não prestam a menor atenção ao ponto-chave. Oh, sim, eles leram a respeito. Mas *o que é* o ponto-chave? Vamos simplificar. Não é apenas isto:

Qual é a necessidade básica?

ou

Qual é o principal ponto de interesse, o

ponto mais vulnerável?

Como chegar ao ponto-chave? Encoraje seu cliente em potencial a falar. Assim que o homem lhe der quatro ou cinco razões pelas quais não irá comprar, e você tentar contestar cada uma delas, a venda não será realizada.

Se você conseguir fazer com que ele continue falando, ele o ajudará a efetuar a venda. Por quê? Porque ele escolherá, entre essas quatro ou cinco coisas, a que for a mais importante e insistirá nela. Às vezes, você não precisa dizer uma só palavra. Depois que ele repassar todos os seus argumentos, retorne a esse pronto. Geralmente é o ponto-chave.

Há alguns anos, fui a uma convenção nacional de vendedores em Pittsburgh. William G. Power, o diretor de relações públicas da Chevrolet, contou a seguinte história:

— Eu queria comprar uma casa em Detroit. Chamei um corretor de imóveis. Era um dos vendedores mais inteligentes que já

vi. Escutava enquanto eu falava. Após algum tempo, descobriu que em toda a minha vida eu queria ter umas árvores. Levou-me de carro até um lugar a cerca de vinte quilômetros de Detroit, o quintal de uma casa em um bairro muito arborizado. E disse: "Olhe só essas árvores maravilhosas, dezoito ao todo!" Olhei as árvores, admirei-as e perguntei-lhe o preço da casa. Ele disse: "Tantos dólares." Eu retruquei: "Pegue o lápis e vamos fazer contas." Ele não queria diminuir um centavo no preço. "Que conversa é essa?", reclamei. "Posso comprar uma casa igual com menos dinheiro." Ele comentou: "Se pode, ótimo, mas veja essas árvores... uma... duas... três... quatro." Cada vez que eu falava em dinheiro ele contava as árvores. Acabou me vendendo dezoito árvores e, com elas, a casa! Isso é que é saber vender. Ele me escutou até descobrir o que eu queria e, aí, então, vendeu-a para mim.

Já perdi muitas vendas por deixar um homem me enrolar e tentar responder integralmente aos seus argumentos. Depois, o telefone tocava e ele dizia para mim que não ia comprar nada, nem tomar qualquer decisão por algum tempo. Aos poucos, por acerto e erro, descobri que o que tinha que fazer era concordar com tudo o que o cliente em perspectiva dizia, até descobrir qual o verdadeiro motivo pelo qual ele não estava comprando.

Muitos compradores em potencial tentam tapeá-lo. Nos dois capítulos seguintes vou mostrar duas simples perguntinhas para determinar se uma objeção é verdadeira, assim como o método que descobri ser muito eficiente para trazer à luz a razão oculta.

RESUMO

O problema principal na venda é

1. Descobrir a necessidade básica, ou
2. O principal ponto de interesse.
3. Então se concentre nele!

11 AS DUAS PALAVRINHAS MAIS IMPORTANTES NUMA VENDA

AS DUAS PALAVRINHAS mais poderosas na língua inglesa, creio eu, são *por quê?* — mas precisei de alguns anos de tropeços idiotas para descobrir isso. Antes de aprender a sua importância, sempre que alguém me apresentava uma objeção, eu imediatamente contestava e discutia.

Foi só no dia em que um amigo me telefonou, convidando-me para almoçar com ele, que realmente apreciei o poder destas duas palavrinhas, capazes de realizar milagres. O nome desse meu amigo é James C. Walker, presidente e principal proprietário da madeireira Gibson-Walker, na esquina das ruas F e Luzerna, em Filadélfia. Depois que pedimos o almoço, Jim disse:

— Frank, vou lhe dizer por que quis ver você. Recentemente, fui a Skyland, na Virgínia, com um grupo de amigos, todos homens. Nós nos divertimos um bocado. Dormimos todos em camas de lona numa cabana com um único aposento. Bem, você sabe o que aconteceu na primeira noite. Em vez de dormir, ficamos conversando sem parar. Um por um todos foram dormindo, até que apenas eu fiquei falando. Toda vez que eu parava de falar, o sujeito que estava ao meu lado perguntava: "Por quê, Jim? Por quê?" E, como um idiota, eu ia falando, e entrando em mais detalhes, *até que ele roncava...* Custou, mas acabei me dando conta de que a turma estava querendo ver por quanto tempo eu conseguia falar!

Demos uma boa risada.

— Foi nessa hora — continuou Jim — que subitamente me ocorreu que fora dessa maneira que eu comprara o meu primeiro seguro de vida. Não sei se você percebeu o que estava fazendo, Frank, mas a primeira vez em que foi me ver, disse-lhe que repetiria o que falava a todos os corretores de seguros que iam me ver que não acreditava em seguros. Em vez de dar início a uma longa discussão, como outros corretores haviam feito, você limitou-se a perguntar *por quê?* Quando expliquei a razão, você me encorajou a continuar falando, repetindo sempre *"Por quê?"* Quanto mais falei, mais percebi que estava do lado errado da discussão. Finalmente convenci a mim mesmo que estava enganado. Você não me vendeu nada. Fui eu que me vendi a apólice. Mas nunca soube exatamente o que aconteceu, até a noite em que falei demais em Skyland. Ora, Frank, o que quero dizer é o seguinte: desde que voltei, sentei no meu escritório e vendi mais madeira, pelo telefone, do que já tinha vendido antes, somente por perguntar *"Por quê?"* Assim, quis lhe contar, caso você ainda não soubesse, como foi que me vendeu a minha primeira apólice.

Jim Walker é um dos mais bem-sucedidos madeireiros de Filadélfia e um homem muito ocupado. Sempre lhe fui muito grato por destinar a mim um pouco do seu tempo e me fazer perceber, como nunca antes, o poder dessas duas palavrinhas: *por quê?*

Assombra-me ver que muitos vendedores têm medo de usá-las.

Contei esta história em um de nossos cursos há alguns anos, e tive vendedores e pessoas dedicadas a vários outros ramos de atividade, em todo o país, me contando que tinham começado a usar *por quê?* logo no dia seguinte e como isso as ajudara. Vamos dar um exemplo. Em Tampa, Flórida, um vendedor de máquinas se levantou em um curso nosso, certa noite, e disse:

— Quando ouvi o Sr. Bettger falar sobre *por quê?* ontem à noite, achei que teria medo de usar esse método. Mas, hoje de manhã, um homem entrou na nossa casa e perguntou o preço de uma máquina de grande porte. Eu lhe disse que era 27 mil dólares. Ele respondeu: "É dinheiro demais para mim." Eu perguntei: "Por quê?" Ele respondeu: "Porque ela jamais se pagaria. Acha que ela se pagaria?", indagou ele, francamente. "Por que não?", repliquei, "Tem sido um investimento excelente para todos que a compraram." Cada vez que ele oferecia uma objeção, eu lhe perguntava *por quê*. Ele elaborava suas razões. Deixei que falasse. Falou tanto que acabou descobrindo que seus motivos não eram lá muito válidos e comprou a máquina. Foi uma das vendas mais rápidas que já fiz. Mas sei que não a teria feito se tivesse usado meu costumeiro papo de vendedor.

Vejam só o seguinte: o falecido Milton S. Hershey, que começou empurrando uma carrocinha de doces pelas ruas e terminou faturando milhões com suas barras de chocolate, achava que *por quê?* era uma coisa tão importante que dedicou a sua vida a isso! Parece fantástico, não é? Pois bem, aqui está como aconteceu. Milton S. Hershey teve três fracassos antes de completar quarenta anos. *"Por quê?"* perguntou-se, ele. *"Por que* outros homens têm sucesso e eu fracasso?"* Submetendo-se a um longo questionário, ele reduziu as respostas possíveis a uma só: "Eu estava indo em frente sem dispor de todos os fatos." Daquele dia em diante, até a sua morte, aos 88 anos, toda a sua vida foi dedicada à filosofia de perguntar *por quê.* Se alguém lhe dissesse que algo não podia ser feito, ele perguntava *Por quê? Por que não?* E continuava a fazer perguntas até que tinha todas as razões. Aí, então, ele dizia: "Agora, um de nós tem que descobrir a resposta."

Pois bem! Não é exatamente isto que J. Elliott Hall, de Nova York, descobriu que estava errado em seu método de vender? Ele estivera tentando ir em frente sem dispor de todos os fatos. Esta é a parte da grande lição que aprendi com ele.

No capítulo seguinte, uso duas entrevistas reais para ilustrar como *por quê?* me ajuda a obter os fatos. E também como uso *por quê?*, em associação com outra frase muito comum que produz resultados surpreendentes.

12 COMO DESCUBRO A OBJEÇÃO OCULTA

MANTIVE UM REGISTRO, certa época, de mais de cinco mil entrevistas para tentar descobrir por que as pessoas compravam ou deixavam de comprar. Em 62% dos casos, o motivo apresentado para não comprar não era, de modo algum, o motivo *real*. Descobri que somente 38% dos clientes em perspectiva me davam o motivo verdadeiro pelo qual não compravam.

Por quê? Por que pessoas — gente de verdade — perfeitamente honestas em todos os outros sentidos falseiam os fatos para os vendedores? Precisei de muito tempo para entender isso.

O falecido J. Pierpont Morgan, Sênior, um dos homens de negócios mais astutos que já houve, disse uma vez: "O homem geralmente tem dois motivos para fazer uma coisa, o que parece bom e o *verdadeiro*." A manutenção desse registro por alguns anos certamente que comprovou a verdade desta declaração. Assim, comecei a testar a descoberta de algum modo, através do qual eu pudessse saber se o motivo dado era verdadeiro ou se meramente parecia bom. Acabei por encontrar uma locução pequena e simples, que produziu resultados surpreendentes, e que, literalmente, me valeu milhares de dólares. É uma locução comum, que se usa todos os dias. Por isso é tão boa. A locução é *Além disso...* Deixe-me ilustrar o seu uso.

Por diversos anos, tentei vender um seguro comercial para uma grande indústria de confecção de tapetes, de propriedade de três homens, que também a dirigiam. Dois deles eram a favor da idéia, mas o terceiro se opunha. Era um homem velho, parcialmente surdo. Todas as vezes que eu lhe falava a esse respeito, sua surdez piorava subitamente e ele não era capaz de entender uma só palavra do que eu dizia.

Numa certa manhã, ao desjejum, li no jornal o anúncio de sua morte repentina.

Naturalmente que meu primeiro pensamento foi: "Agora vou efetuar a venda, com toda a certeza!"

Alguns dias mais tarde telefonei para o presidente da companhia e marquei uma entrevista. Eu tinha, antes, feito negócios vultosos com ele. Quando cheguei à fábrica e fui conduzido ao seu escritório, notei que não parecia tão agradável quanto usualmente.

Eu me sentei. Ele me olhou. Eu o olhei. Por fim, ele perguntou:

— Acho que você está aqui para falar conosco sobre aquele seguro, não é?

Limitei-me a exibir um largo sorriso.

Ele ficou firme e nem chegou a sugerir a sombra de um sorriso.

— Bem — disse ele —, não vamos fazer nada quanto àquilo.

— Você se incomodaria de me dizer *por quê*, Bob?

— Porque — ele explicou — estamos perdendo dinheiro. Estamos no vermelho, e ficamos o ano inteiro no vermelho. Aquele seguro nos custaria cerca de oito a dez mil dólares por ano, não é?

— Isso — concordei.

— Bem, tomamos a decisão — prosseguiu ele — de não gastar nem um centavo a mais do que absolutamente *tivermos* que gastar, enquanto não soubermos quanto tempo esta situação vai durar.

Após alguns momentos de silêncio eu disse:

— Bob, *além disso*, não há algo mais em sua cabeça? Não existe outra razão que o faz hesitar em seguir em frente com este plano?

BOB (*um pequeno sorriso aparecendo na sua boca*): Bem, é verdade. Estou meio preocupado com uma coisa.

EU: Incomoda-se de me dizer o que é?

BOB: São os meus dois garotos. Terminaram a faculdade e agora trabalham aqui. Estão na fábrica, de macacão, de oito às cinco, e adoram! Você não acha que eu seria bobo ao aderir a um plano que vendesse minha participação no negócio quando eu morrer, acha? Como é que ficariam meus filhos? Poderiam ser postos para fora, não poderiam?

Aí estava. A primeira objeção era, apenas, a que *parecia* boa. Agora que eu sabia qual a razão verdadeira, tinha uma chance. Pude mostrar que era mais importante ainda que ele fizesse o seguro incontinenti. Trabalhamos num plano que incluía seus filhos. Um plano que tornava a situação deles absolutamente segura, independente de quem viesse a morrer primeiro, e quando.

Somente esta venda significou 3.860 dólares para mim.

Agora, por que motivo fiz aquela pergunta? Por ter duvidado da palavra de Bob? Em absoluto. Sua primeira objeção era tão lógica e real que eu não tinha razão para duvidar de sua palavra. Na verdade, acreditei nela. Mas, anos de experiência me ensinaram que era muito provável que houvesse outra coisa interferindo. Meus registros provavam isso. Assim, tornou-se habitual para mim fazer esse tipo de pergunta, começando com um *além disso*, de qualquer modo, como um *checkup* de rotina. Não me recordo de uma só vez em que alguém tenha ficado ressentido por este motivo.

Quando fica comprovado que a objeção *é* a verdadeira, o que faço? Vou dar um exemplo. Eu estava almoçando na Union League de Filadélfia com dois amigos, Neale MacNeill, Jr., gerente de vendas da Companhia Química Sandoz, de Filadélfia, e Frank R. Davis, corretor de imóveis. Neale disse:

— Frank e eu temos um cliente em perspectiva para você. Don Lindsay nos falou ontem de comprar um seguro. Ele está ganhando um bocado de dinheiro, e você deverá conseguir vender-lhe uns cinqüenta ou cem mil, não é, Frank?

Frank Davis parecia muito entusiasmado. Aconselhou-me a procurar Don Lindsay no dia seguinte pela manhã, acrescentando:

— Não se esqueça de dizer a Don que fomos nós que o recomendamos.

Às dez horas da manhã seguinte entrei na indústria do Sr. Lindsay, esquina da rua 54 com avenida Paschall, em Filadélfia. Ele fabrica acessórios elétricos. Informei à sua secretária que os senhores MacNeill e Davis tinham me mandado procurar o Sr. Lindsay.

Quando entrei no escritório, vi-o de pé, num canto, com uma expressão tão agressiva quanto a de um campeão de boxe antes de soar o gongo para o início do assalto.

Esperei, mas ele não abriu a boca. Tive que falar:

— Sr. Lindsay, Neale MacNeill e Frank Davis me disseram para vir procurá-lo. Segundo eles, o senhor está pensando em comprar um seguro de vida.

— Que diabo de brincadeira é essa? — berrou Lindsay, numa voz que podia ser ouvida na avenida lá embaixo. — Você é o *quinto* corretor de seguros que eles mandam aqui em dois dias. Será que é esse tipo de coisa que os dois consideram uma brincadeira?

Ora, se fiquei surpreso? Teria caído na risada se aquele sujeito não estivesse com os olhos faiscando de ódio. Finalmente, fui capaz de perguntar:

— O que foi que o senhor disse a Neale e Frank que os fez pensar que estava querendo comprar um seguro de vida?

Ainda berrando:

— Eu lhes disse que nunca tinha comprado um seguro de vida na minha vida! Não acredito em seguro de vida!

— O senhor é um homem de negócios muito bem-sucedido, Sr. Lindsay — falei. — Deve ter uma razão muito boa para não comprar seguro de vida. O senhor se incomodaria de me dizer *por quê*?

— Claro, eu lhe direi. (O tom de voz dele baixou um pouco.)

76

Tenho o dinheiro de que preciso, e se alguma coisa me acontecer, minha mulher e minhas filhas vão ter todo o dinheiro de que necessitarem.

Parei para pensar no que ele dissera. E depois:

— Sr. Lindsay, *além disso*, há alguma outra razão pela qual o senhor jamais tenha comprado uma apólice de seguro?

ELE: Não, é só isso. Não é um bom motivo?

EU: Posso fazer uma pergunta pessoal?

ELE: Vá em frente.

EU: O senhor deve algum dinheiro?

ELE: Não devo um dólar neste mundo!

EU: Se devesse, seria o caso de pensar em comprar uma apólice que saldasse a dívida por ocasião de sua morte?

ELE: Seria.

EU: Já lhe ocorreu que, se morresse hoje à noite, haveria automaticamente uma grande hipoteca lançada sobre o seu patrimônio pelo Tio Sam? E, antes que sua mulher e filhas pudessem receber um centavo, teriam que levantar dinheiro para pagar essa hipoteca?

Naquele dia, o Sr. Lindsay comprou a primeira apólice de seguro da sua vida.

No dia seguinte, estive com MacNeill e Davis na hora do almoço. Quando contei que Lindsay tinha comprado, ficaram absolutamente surpresos. Por algum tempo não acreditaram. Mas quando se convenceram de que eu não estava brincando, caíram na gargalhada.

Esta técnica do *além disso, não existe outra coisa em sua mente?* com freqüência requer que se insista um pouco com a outra pessoa para se abrir e falar. Deixe que eu ilustre com uma experiência pouco usual. Em Orlando, Flórida, um jovem vendedor me procurou de manhã no hotel com um problema sério. Cerca de dois anos antes, sua companhia, uma indústria química de Nova York, perdera misteriosamente sua maior conta na Flórida e jamais conseguira descobrir o motivo pelo qual isto aconteceu. Tentaram de tudo para recuperar o negócio. Um de seus vice-presidentes viera de Nova York, mas nem mesmo ele conseguira chegar a algum lugar.

— Quando entrei na companhia, há um ano — explicou o jovem vendedor, de aparência promissora —, eles me pressionaram quanto à importância de correr atrás desse negócio até consegui-lo de volta. Tenho visitado esses antigos clientes regularmente, há um ano, e estou chegando à conclusão de que não tem mais jeito.

Fiz diversas perguntas sobre suas entrevistas, particularmente as mais recentes.

— Ainda esta manhã — disse-me ele —, estive lá de novo. Falei com o presidente, o Sr. Jones, e foi como sempre. Ele não quis falar. Ficou com ar de tédio. Depois que parei de falar, houve um longo silêncio e finalmente me levantei, envergonhado, e fui embora.

Sugeri que voltasse naquela tarde mesmo e dissesse ao Sr. Jones que tinha recebido ordens do escritório central para procurá-lo imediatamente. O vendedor e eu combinamos exatamente o que ele deveria dizer. Depois, fiz com que repetisse cada palavra.

À tarde ele me telefonou, tão animado que mal conseguia falar.

— Posso ir até aí para vê-lo pessoalmente? O Sr. Jones fez um *pedido*! E acredito que todo o problema tenha sido resolvido. Nosso gerente de Atlanta está vindo para cá de avião!

Parecia incrível. Acho que fiquei tão entusiasmado quanto ele, e disse:

— Venha até aqui e me conte tudo.

Aqui está a entrevista, tal como ele me relatou:

— Tudo parece tão simples que mal posso crer. Quando entrei no escritório do Sr. Jones, ele me olhou espantado.

VENDEDOR: Sr. Jones, depois que estive com o senhor, hoje de manhã, recebi uma ordem do escritório central em Nova York para vê-lo de novo, imediatamente, conseguir todos os fatos e saber exatamente *por que* deixamos de fazer negócio com a sua firma. Nossa companhia está segura de que o senhor deve ter tido um bom motivo; alguém em nossa organização deve ter, de algum modo, cometido um erro que o aborreceu. O senhor não quer fazer o favor de me dizer o que foi, Sr. Jones?

JONES: Eu já falei. Decidi dar uma oportunidade a outra indústria. O atendimento deles é perfeitamente satisfatório e não tenho motivo para pensar em substituições.

VENDEDOR: *Além disso*, Sr. Jones, não há nenhuma outra razão? Por acaso não há alguma coisa escondida num canto da sua cabeça?

(Sem resposta.)

VENDEDOR: Se houver alguma outra coisa e nos disser o que é, mesmo que não possamos resolver, o senhor se sentirá melhor pela chance que nos terá proporcionado. Se formos capazes de provar, sem deixar a menor sombra de dúvida em sua mente, que o erro ou engano não foi intencional, o senhor se sentirá melhor por nos ter dado uma chance de corrigir o malfeito. Não é verdade, Sr. Jones?

(Mesma coisa de sempre. O Sr. Jones limitou-se a continuar sentado junto da janela. Mas, desta vez, eu fiquei em silêncio, e esperei

pela reação dele. Passou-se um tempo, que pareceu terrivelmente longo, mas o Sr. Jones finalmente começou a falar.)

— Bem, já que quer saber, a sua companhia parou de nos conceder o desconto especial que nos dava sem sequer nos notificar. Assim que descobri, mandei suspender o fornecimento!

Ali estava o *verdadeiro* motivo.

Eis o que aconteceu: o esperto e jovem vendedor não perdeu tempo. Agradeceu penhoradamente a informação dada pelo Sr. Jones, correu para o primeiro telefone e ligou para o escritório de Atlanta. Eles fizeram a verificação da faturas e se comunicaram com Nova York. A comparação dos documentos mostrou que o Sr. Jones tinha bons motivos para acreditar que o seu desconto fora cortado, embora não tivesse sido. O vendedor foi instruído a voltar ao escritório dele. Quando chegou, Jones já fora convencido, pelo telefone, dos fatos verdadeiros. O gerente de Atlanta considerou-se inteiramente culpado por ter deixado de notificá-lo adequadamente do novo método de faturamento baseado no valor líquido.

Hesitei um pouco antes de tornar pública esta pequena fórmula. Tinha receio de que fosse considerada como um truque. E não acredito em truques. Não consigo usar truques. Eles não funcionam. Já tentei. E fico satisfeito que tenham falhado porque, a longo prazo, sei que truques são coisas que conduzem à derrota, em qualquer negócio. Nada é capaz de substituir a total sinceridade, em primeiro ou em último lugar e durante todo o tempo!

RESUMO

Lembre-se das sábias palavras de J. Pierpont Morgan: "O homem geralmente tem dois motivos para fazer uma coisa — o que parece bom e o *verdadeiro*."

A melhor fórmula que consegui achar para descobrir o *verdadeiro* motivo se ampara em fazer perguntas, ou seja, no uso constante de "Por quê?" e de "Além disso...?".

13 A ARTE ESQUECIDA QUE É MÁGICA NUMA VENDA

POUCOS ANOS ATRÁS fiz uma excursão de costa a costa com Dale Carnegie, proferindo palestras. Dirigimo-nos a platéias de centenas de pessoas cinco noites por semana — pessoas ansiosas em se aperfeiçoarem e melhorar sua capacidade de tratar com os outros, gente de variadas ocupações, como estenógrafas, professores, executivos, construtores, advogados, vendedores.

Eu nunca tinha feito um *tour* desse tipo antes, e depois vim a achar que foi a aventura mais emocionante de minha vida. Quando regressei a casa, estava ansioso para fazer duas coisas: voltar à minha atividade de vendedor e, é claro, contar a todo mundo a experiência sensacional que tivera.

A primeira pessoa a quem visitei foi o presidente de uma companhia atacadista e distribuidora de leite e laticínios de Filadélfia. Eu já tinha feito antes um bom volume de negócios com ele. Jim — era este o seu nome — pareceu genuinamente satisfeito por me ver. Quando me sentei à sua frente, ofereceu-me um cigarro e disse:

— Frank, fale-me sobre sua viagem.

— Está bem, Jim — respondi —, mas primeiro estou ansioso por notícias suas. O que andou fazendo? Como está Mary? E o negócio?

Ouvi atentamente, enquanto ele me falava sobre seu negócio e sua família. Mais tarde, pôs-se a narrar uma partida de pôquer de que ele e a mulher tinham participado na noite anterior. Haviam jogado uma modalidade chamada "cachorro-vermelho". Bem, eu nunca tinha ouvido falar naquilo e, então, preferiria estar contando como fora minha excursão e me gabar um pouco das minhas proezas. Mas ri com ele, quando me explicou como se jogava o tal de "cachorro-vermelho" e como era divertido.

Jim me deu a impressão de estar se divertindo muito, e quando me levantei para ir embora disse:

— Frank, estivemos pensando em segurar o superintendente das nossas instalações. Quanto custaria uma apólice de 25 mil dólares sobre a vida dele?

80

Não cheguei a ter qualquer chance para falar a meu respeito, mas saí dali com um belo pedido, que provavelmente algum outro corretor venderia, mas que talvez perdesse por falar demais.

Aquilo me ensinou uma lição que eu tinha de aprender: *a importância de ser um bom ouvinte,* demonstrando à outra pessoa que você está sinceramente interessado no que ela está dizendo, dando-lhe toda a atenção e apreço pelos quais anseia e que raramente tem!

Tente encarar a próxima pessoa que lhe dirigir a palavra com total interesse (mesmo que seja a sua própria mulher), e veja que efeito mágico tem sobre você mesmo e com quem estiver falando.

Não há nada de novo quanto a isto. Cícero disse, dois mil anos atrás: "No silêncio há arte e também eloqüência." Ouvir, entretanto, tornou-se uma arte esquecida. Os bons ouvintes são raros.

Uma grande organização de âmbito nacional escreveu, recentemente, essa mensagem especial para todos os seus vendedores:

> Na próxima vez que você for ao cinema, repare como os atores escutam as falas dos outros personagens. Para ser um grande ator, é necessário dominar a arte de ouvir, tanto quanto a de falar. As palavras de quem fala refletem-se no rosto do ouvinte como em um espelho. É possível roubar a cena de quem fala pela qualidade da audição. Um diretor famoso declarou que muitos atores deixam de se tornar astros e estrelas por não terem aprendido a arte de ouvir criativamente seus interlocutores.

Será que a arte de ouvir se aplica somente a vendedores e a atores? Não será de tremenda importância para todos nós, seja o que for que façamos? Você já sentiu, falando com alguém, que o que está dizendo não está causando muita impressão? Descobri que, muitas vezes, as pessoas sem dúvida me escutavam, mas não me ouviam. O efeito da minha fala era zero, zero absoluto, no que dizia respeito a elas. Assim, eu disse para mim mesmo: "Na próxima vez em que estiver falando com alguém, e isto acontecer, pare! Pare bem no meio de uma sentença!" Às vezes paro até mesmo no meio de uma palavra.

Descobri que as pessoas consideram isso como uma cortesia. Nunca se ofendem. Nove em cada dez vezes têm algo em suas mentes que gostariam de dizer. E, se o fazem, não prestarão nenhuma atenção ao que estivermos dizendo enquanto não derem o seu palpite.

Por exemplo, um de nossos vendedores (a quem chamaremos de Al), levou-me para entrevistar o falecido Francis O'Neill, grande industrial do papel. Ele começara como vendedor, depois montara um negócio próprio e, com trabalho árduo e persistente, chegara a ter a fábrica de papel mais importante do país. Era um dos homens mais conceituados da indústria. Também tinha a reputação de ser um homem de poucas palavras.

Depois da apresentação de costume, o Sr. O'Neill nos convidou para sentar. Comecei falando sobre os impostos relativos ao seu patrimônio imobiliário e ao seu negócio, mas nem uma só vez ele me fitou. Não consegui ver seu rosto. Não havia como saber se estava me ouvindo. Após talvez uns três minutos, interrompi-me no meio de uma frase! Seguiu-se um silêncio embaraçoso. Ajeitei-me confortavelmente na minha cadeira e esperei.

Mais ou menos um minuto daquele silêncio foi demais para Al. Ele começou a se remexer nervosamente na cadeira; ficou com medo de que eu perdesse a coragem na presença de um homem tão importante. Achou que tinha que salvar a situação. E, assim, começou a falar. Se eu pudesse alcançá-lo por baixo da mesa, teria lhe dado um pontapé nas canelas! Atento para ver a hora em que olhasse na minha direção, sacudi a cabeça para que calasse a boca. Por sorte, viu meu sinal e parou de falar imediatamente.

Seguiu-se então mais um período de silêncio contrafeito, outro minuto inteiro. (Pareceu muito mais tempo.) Finalmente, erguendo um pouco a cabeça, o fabricante de papel me fitou. Pôde ver que eu estava inteiramente relaxado, e que sem dúvida nenhuma esperava que ele dissesse alguma coisa.

Olhamos um para o outro, na expectativa. (Al me disse, mais tarde, que nunca tinha visto algo assim. Não conseguia entender o que estava acontecendo.) Finalmente, o Sr. O'Neill quebrou o silêncio. Descobri que, se você esperar o bastante, o outro sujeito *sempre* quebrará o silêncio. Ele costumava ser um homem de poucas palavras, mas daquela vez falou sem parar por meia hora. Como estava disposto a falar, encorajei-o a prosseguir.

Quando terminou, eu disse:

— Sr. O'Neill, o senhor me proporcionou informações muito importantes. Posso ver que pensou sobre este assunto muito mais do que é habitual entre a maioria dos homens de negócios. O senhor é uma pessoa vitoriosa e eu jamais iria me arvorar em pensar que poderia chegar aqui e, em poucos minutos, lhe dar a solução de um problema que o senhor levou dois anos tentando resolver. Poderei voltar depois com algumas idéias que lhe serão úteis.

O que, em princípio, parecia ser uma entrevista nada satisfatória, terminou com muito sucesso. Por quê? Porque simplesmente consegui fazer com que aquele homem falasse sobre seus problemas. Enquanto o ouvia, fui distinguindo indicações valiosas sobre suas necessidades. Algumas perguntas, diplomaticamente colocadas, me possibilitaram obter a chave de toda a sua situação e o que ele queria realizar. Este caso, depois, resultou numa vultosa linha de negócios.

Todos nós lucraríamos muito, fazendo a seguinte prece todas as manhãs: "Ó Deus, ajudai-me a conservar fechada a minha boca até que eu saiba de que estou falando. Amém."

Houve muitas ocasiões em que eu devia ter dado um chute nos meus próprios dentes, por falar sem parar, quando deveria ter sido capaz de perceber que a outra pessoa não estava me ouvindo, mas minha cabeça estava tão concentrada no que dizia que foi preciso muito tempo até que a minha cabeça dura entendesse que meu interlocutor não estava prestando atenção.

Muitas vezes há um verdadeiro desfile de pensamentos passando pela cabeça da pessoa, e a menos que você lhe dê chance para falar um pouco, não há como saber em que está pensando.

A experiência me ensinou que é uma boa coisa fazer com que o outro sujeito tenha uma participação bastante liberal no que é dito na primeira metade da entrevista. Aí então, quando falo, tenho mais segurança e considero mais provável ter um ouvinte atento.

Todos nós odiamos ser passados para trás e interrompidos antes de terminarmos o que temos a falar por algum sabichão que sabe o que iríamos dizer antes de abrirmos a boca. Você conhece o tipo; fala em alta velocidade antes do cérebro começar a funcionar, explica onde e por que você está errado e o corrige antes mesmo de você conseguir se fazer entender. Só que, a essa altura, sua vontade é de derrubá-lo com um direto no queixo!

Mesmo que ele esteja certo, você odeia admitir isso e, se por acaso se tratar de um vendedor, pode ser que recorra a uma mentira para se livrar do sujeito, e depois se desvie do seu caminho uns cinco quilômetros para comprar a mesma coisa de outro vendedor, embora tenha que pagar mais.

Quando jovem, Benjamin Franklin era presunçoso e queria falar quase que o tempo todo, dizendo às pessoas onde estavam erradas até que passassem a atravessar a rua toda vez que o viam, a fim de evitá-lo. Um amigo quacre bondosamente o avisou de seu erro imperdoável e convenceu Ben, enunciando diversos exemplos. Mais de meio século mais tarde, quando estava com 79 anos de idade, Franklin escreveu estas palavras na sua famosa autobiografia:

Considerando que numa conversação o conhecimento é obtido mais pelo uso das *orelhas* que da *língua*, atribuí ao *silêncio o segundo lugar* entre as virtudes que decidi cultivar.

E você? Algum dia já se surpreendeu pensando no que vai dizer, em vez de estar ouvindo atentamente? Descobri que quando não ouvia atentamente a outra pessoa, confundia tudo, perdia a seqüência lógica do assunto principal e, com freqüência, chegava a conclusões erradas!

Sim, é verdade que há ocasiões em que as pessoas ficam tão lisonjeadas com a nossa atenção e ansiedade em ouvir o que têm a dizer, que exageram e nos dão uma "canseira". Por exemplo, um dos nossos corretores arranjou para que eu o acompanhasse numa entrevista com George J. DeArmond, importante atacadista de estofados e comerciante de móveis estabelecido no número 925 da rua Filbert, em Filadélfia. A entrevista foi marcada para as onze horas. Seis horas depois, John e eu saímos cambaleando do escritório do empresário e entramos num café para aliviar a tremenda dor de cabeça que sentíamos. Era evidente que John tinha ficado desapontado com minha conversa de vendedor. Seria exagerar dizer que tenha durado mais de cinco minutos.

Fizemos questão de que a segunda entrevista fosse marcada para *depois* do almoço. Esta "conferência" começou às duas horas, e se o motorista do nosso cliente em perspectiva não tivesse ido nos salvar às seis horas, poderíamos estar ainda lá!

Mais tarde, calculamos que tinha havido um total de meia hora de conversa destinada a efetuar a venda, e mais de nove horas ouvindo a emocionante história da carreira empresarial do velho DeArmond. E foi mesmo emocionante e estimulante ouvi-lo contar como começara do nada, crescera, passara por depressões, tivera um colapso nervoso aos cinqüenta anos, constituíra uma sociedade apenas para ver seu parceiro estragar tudo e como, finalmente, lançara os alicerces do que viria a ser uma das melhores empresas atacadistas da Costa Leste. Provavelmente fazia muito tempo que alguém estivera disposto a ouvir aquele homem contando toda a sua história. Ele estava *faminto* por uma oportunidade daquelas. Ficou muito excitado, e, às vezes, seus olhos enchiam-se de lágrimas com tanta emoção.

Era evidente que a maior parte das pessoas estava oferecendo a língua àquele velho, em vez do ouvido. Nós simplesmente revertemos o processo e fomos lindamente recompensados. Seguramos seu filho de cinqüenta anos, J. Keyser DeArmond, por cem mil dólares, para a proteção da empresa.

O Dr. Joseph Fort Newton, famoso pregador, escritor e colunista de jornal, me disse:

— Os vendedores precisam ouvir, assim como os pregadores. Um dos meus principais deveres é ouvir. Há não muito tempo atrás, uma mulher sentou-se diante da minha mesa, falando rapidamente. Era quase surda e mal podia ouvir uma única palavra do que eu dizia. A história triste que contou inspirava piedade e ela a contou com todos os detalhes. Poucas vezes em minha vida terei ouvido uma história mais triste que aquela. "O senhor me ajudou tanto", disse ela, por fim. "Eu simplesmente tinha que falar com alguém, e o senhor foi muito bom em me ouvir e me dar a sua compreensão." E, no entanto, eu praticamente não dissera uma só palavra — comentou o Dr. Newton — e duvido que ela tivesse ouvido o que falei. De qualquer modo, compartilhei sua solidão e tristeza e isto ajudou-a a carregar seu fardo. Ela me deu o mais doce dos sorrisos quando saiu.

Dorothy Dix, uma das colunistas mais lidas do mundo, estava certa quando escreveu: "O atalho para a popularidade é emprestar a todo mundo os seus ouvidos, em lugar de lhes dar a sua língua. Não há nada que possivelmente se possa dizer a alguém que tenha a metade do interesse das coisas que ele está morrendo de vontade de contar a seu próprio respeito. E tudo o que se precisa, a fim de obter a reputação de ser uma companhia fascinante, é dizer: 'Que maravilha! Conte mais!'"

Não me preocupo mais em ser um conversador brilhante. Tento simplesmente ser um bom ouvinte. E noto que as pessoas que fazem isso geralmente são bem-vindas onde quer que cheguem.

SUMÁRIO

PARTE DOIS

LEMBRETES

1. O segredo mais importante da arte de vender é descobrir o que o outro sujeito quer e depois ajudá-lo a descobrir o melhor modo para conseguir o objeto do seu desejo.

2. Se você quer acertar na mosca, lembre-se do sábio conselho de Dale Carnegie: "Só há uma maneira neste mundo de Deus de fazer com que alguém faça alguma coisa. Só *uma* maneira. Que é fazendo com que a outra pessoa queira fazer a tal coisa. Lembre-se, não há outro jeito."

Quando você mostrar a um homem o que ele de-seja, ele moverá céus e terras para conseguir o objeto do seu desejo.

3. Cultive a arte de fazer perguntas. Perguntas, em vez de afirmações absolutas, podem ser o meio mais efetivo para se fechar uma venda ou conquistar as pessoas para o nosso modo de pensar. Pergunte em vez de atacar.

4. Descubra o ponto-chave, o ponto mais vulnerável, e agarre-se a ele.

5. Aprenda a fazer a coisa mais importante que há em vendas, que é usar a vigorosa indagação *Por quê?* Lembre-se de que Milton S. Hershey, que fracassou três vezes antes dos quarenta anos, achou que isto era tão importante que se dedicou a perguntar *por quê?* a respeito de tudo o resto da sua vida.

6. Para descobrir qual é a objeção oculta, a verdadeira razão, lembre-se do que J. Pierpont Morgan disse: "O homem geralmente tem dois motivos para fazer uma coisa, um que parece bom e o *verdadeiro*." É muito provável que haja alguma outra coisa envolvida. Faça as duas perguntas: *por quê?* e *além disso...?* Tente usar este método por uma semana. Ficará surpreso com o resultado que vai obter, contrapondo-se às objeções.

7. Lembre-se da arte esquecida que opera mágicas numa venda. Seja um bom ouvinte. Mostre à outra pessoa que está sinceramente interessado no que ela está dizendo, dê-lhe toda a atenção e apreço por que todo mundo anseia, mas raramente tem. É um dos princípios mais importantes da fórmula para o sucesso na arte de vender. Sim, *ouvir* os outros opera mágicas em vendas!

PARTE TRÊS

Seis Modos de Conquistar e Manter
a Confiança dos Outros

14 A MAIOR LIÇÃO QUE JÁ APRENDI SOBRE COMO GANHAR CONFIANÇA

QUANDO COMECEI A VENDER, tive a boa sorte de ser colocado sob a supervisão de Karl Collings, que por quarenta anos esteve entre os maiores vendedores de sua companhia. O maior trunfo do Sr. Collings era a sua notável capacidade de inspirar confiança nos outros. Assim que começava a falar, você sentia: "Aqui está um homem em quem posso confiar; ele conhece seu negócio e é seguro." Notei isto na primeira vez em que o vi. Um dia, aprendi por quê.

Um bom cliente em potencial tinha me dito que voltasse a procurá-lo depois do dia primeiro, acrescentando que talvez pudesse fazer algo. Mas, tive medo de voltar. Na verdade, eu estava tão desencorajado naquela ocasião que pensava todos os dias em desistir. Assim, perguntei ao Sr. Collings se ele iria comigo ver o tal homem. Ele examinou bem minha expressão desalentada e disse: "Tudo bem, eu vou."

Pois bem, ele efetuou a venda com surpreendente facilidade. Puxa, como fiquei animado! Calculei minha comissão. Seriam 259 dólares... e eu me esquivando dos cobradores! Mas, poucos dias depois, recebi más notícias. Devido a um problema de ordem física, o contrato foi expedido com a classificação de "modificado".

— Temos que lhe contar que não é um contrato padrão? — indaguei. — Ele não saberá, a não ser que você lhe conte, não é?

— Não, mas *eu* vou saber. E *você* também — respondeu o Sr. Collings, serenamente.

O mais cedo possível estávamos de novo diante do cliente, e o Sr. Collings começou:

— Eu poderia dizer-lhe que esta apólice é padrão e o senhor, provavelmente, não chegaria a notar a diferença, mas não é. — Aí, então, ele mostrou qual era a diferença. — No entanto — prosseguiu Collings, encarando o nosso homem diretamente no olho —, acredito que este contrato lhe dá a proteção de que necessita e eu gostaria que o senhor pensasse seriamente nisto.

Sem a menor hesitação, ele disse:

— Eu fico com ele — e imediatamente preencheu um cheque no valor de um ano de pagamento.

Observar Karl Collings naquela entrevista me mostrou *por que* as pessoas acreditavam nele, por que tão prontamente lhe emprestavam sua completa confiança. Aquela entrevista me ajudou mais do que todos os sermões que pudesse ter-me feito. Ele merecia confiança! Transparecia em seus olhos.

"Não, mas *eu* vou saber" foi a chave que desvendou o verdadeiro caráter de Karl. Jamais pude esquecer o profundo significado daquelas suas palavras tão simples. Minha maior fonte de confiança, mesmo quando as coisas parecem difíceis, tem vindo da crença na sabedoria deste modo de pensar. Não se trata de saber *se a outra pessoa* vai acreditar ou não. A prova real é saber se *você* acredita.

Durante certo tempo, carreguei o seguinte recorte no bolso e o li até que passou a fazer parte de mim:

> O vendedor mais sábio e melhor é sempre o que diz, sem rodeios, a verdade sobre o que está vendendo. Ele olha nos olhos do comprador em potencial e conta a sua história. Isso sempre impressiona. E, se ele não vende da primeira vez, sempre deixará um rastro de confiança atrás de si. Como regra geral, um cliente não pode ser enganado uma segunda vez por uma conversa qualquer, esperta ou imprecisa, que não bata com a verdade. Não é o melhor falador que ganha a venda, mas quem fala com mais sinceridade... há algo no brilho dos seus olhos, na disposição das palavras e no espírito do vendedor que imediatamente gera confiança ou desconfiança... ser claramente sincero é sempre melhor e mais seguro.
>
> George Matthew Adams

Não sou agente de seguros diplomado, mas tento seguir o código deles. Qualquer vendedor lucrará, se o adotar: "Em todas as minhas relações com clientes, concordo em observar a seguinte regra de conduta profissional: à luz de todas as circunstâncias que cercam meu cliente, as quais me esforçarei ao máximo para determinar e entender, proporcionarei a ele o mesmo serviço que, estivesse eu em igual posição, teria proporcionado a mim mesmo."

Para conquistar e manter a confiança dos outros, a Regra Número Um é:

MERECER A CONFIANÇA

15 UMA LIÇÃO VALIOSA QUE APRENDI COM UM GRANDE MÉDICO

CHEGUEI EM DALLAS, Texas, numa noite de sábado, há alguns anos, com uma infecção na garganta que não me deixava falar. E eu tinha que cumprir um programa de uma série de palestras por cinco noites seguidas a contar da segunda-feira! Um médico foi chamado. Ele me prescreveu um tratamento, mas na manhã seguinte meu estado se agravara. Parecia impossível que eu fizesse as palestras. Indicaram-me então o Dr. O. M. Marchman, com consultório no n.º 814 do Medical Arts Building, em Dallas. Ele veio e conseguiu o que o primeiro médico considerara impossível. Pude subir na plataforma todas as noites e fazer *todas* as palestras!

Durante o tratamento, o Dr. Marchman me perguntou onde eu morava. Quando lhe disse que era em Filadélfia, seus olhos se iluminaram.

— É mesmo? Pois você vem do centro médico do mundo — disse. — Passo seis semanas todos os anos na sua cidade, assistindo a cursos e a conferências.

Fiquei espantado! Ali estava um homem que tinha uma das maiores clínicas do Sudoeste e, mesmo assim, aos 66 anos de idade, ainda estava tão interessado em se manter a par dos últimos desenvolvimentos científicos de sua profissão que passava as férias estudando!

Frank Taylor, diretor de compras da General Motors, disse há muitos anos: "Eu gosto de negociar com o sujeito que se informa a propósito do seu negócio, que pode dizer exatamente o que tem que eu posso usar, e que faça o seu trabalho sem perder o seu tempo ou o meu. Gosto do homem com idéias úteis, aquele que pode me mostrar como obter mais ou melhores coisas com o mesmo dinheiro. Ele me ajuda a realizar o meu trabalho, de forma a deixar meus chefes satisfeitos. Tento favorecer qualquer vendedor que seja absolutamente sincero a respeito do que vende, e que tanto veja suas limitações quanto suas virtudes. Nunca tive mal-entendidos com um homem desse tipo."

No tempo em que eu começava minha luta para progredir, havia dezesseis corretores no nosso escritório de Filadélfia. Dois deles produziam cerca de 70% do faturamento. Reparei que esses dois estavam a toda hora sendo consultados pelos outros. Provavelmente eu tenha me aproveitado mais deles que qualquer um lá, desfrutando de sua generosidade. Finalmente, vim a perceber que era muito significativo que os dois líderes fossem os mais bem informados de todos nós. Certa ocasião perguntei a um deles onde conseguia tanta informação. Ele respondeu:

— Assino serviços que dão todas as respostas legais, idéias de vendas etc. e leio os melhores jornais e revistas.

— Onde consegue tempo para ler e estudar todas essas coisas?

— Eu arranjo! — replicou ele.

Aquilo me fez sentir culpado. Pensei: "Se ele pode arranjar tempo, eu também posso. Seu tempo vale dez vezes mais que o meu." E, assim, passei a assinar um dos serviços que ele recomendou, pagando os custos mensalmente. Não se passou muito tempo e fechei um bom negócio, que normalmente não teria nem enxergado se não tivesse passado a fazer aquele curso. Naturalmente que fiquei entusiasmado e comentei com o pessoal do escritório. Falei com um dos rapazes para que fizesse o mesmo. Mas ele disse:

— Não estou podendo pagar essa quantia agora.

No dia seguinte, ao atravessar a rua numa esquina, quase fui atropelado por um carro bonito e poderoso. Levantei a cabeça e reconheci o proprietário. Era o sujeito que, na véspera, me dissera que não podia fazer uma despesa de 48 dólares. Mais tarde, não conseguiria sustentar aquele carro!

Viajei por todo o país como participante de congressos de vendas e clínicas. Em todos esses encontros sempre notei que os líderes são homens que conhecem sua profissão.

Billy Rose, o famoso colunista, escreveu, há não muito tempo: "Esta é a época do especialista. Encanto e boas maneiras valem até 30 dólares por semana. Acima disso, o pagamento é diretamente proporcional à quantidade de *know-how* especializado existente na cabeça da pessoa."

Quanto tempo devemos continuar estudando e aprendendo? Bem, o Dr. Marchman, de Dallas, ainda se dedicava com força a essas duas coisas aos 66 anos, e nunca chegou a pensar que houvesse uma época certa para parar. Segundo Henry Ford: "Quem quer que pare de aprender é velho — seja aos vinte ou oitenta anos. Quem quer que permaneça aprendendo se conserva jovem. A maior coisa na vida é manter a cabeça jovem."

Assim, se você quer ter confiança em si mesmo e ganhar e manter a confiança dos outros, acho que uma regra essencial a seguir é:

CONHEÇA O SEU NEGÓCIO
E *CONTINUE* CONHECENDO O SEU NEGÓCIO.

16 O MODO MAIS RÁPIDO QUE DESCOBRI PARA GANHAR CONFIANÇA

O MODO MAIS rápido que descobri para ganhar a confiança dos outros foi... Bem, vou ilustrar com uma entrevista verdadeira. Ela se passou no escritório de Conrad Jones, o tesoureiro de uma grande companhia de Nova Jersey, fabricante de fertilizantes. Ele não me conhecia e, em pouco tempo, descobri que não sabia praticamente coisa alguma sobre a minha companhia.

Vamos ver o que aconteceu.

EU: Sr. Jones, em que companhias a sua firma está segurada?

JONES: New York Life, Metropolitan e Provident.

EU: Ora, o senhor escolheu o que há de melhor!

JONES (*evidentemente satisfeito*): Acha mesmo?

EU: Não podia ter escolhido melhor.

(Em seguida, contei-lhe alguns fatos sobre aquelas três companhias, coisas que as inscreviam definitivamente como grandes instituições. Falei, por exemplo, que a Metropolitan era a maior do mundo, uma empresa espantosa, que em algumas comunidades tinha segurado literalmente todos os habitantes, homens, mulheres e crianças.)

Ele ficou chateado? Nada disso! Ouviu atentamente, enquanto eu lhe contava coisas que, tudo indicava, jamais imaginara. Pude ver que se sentia orgulhoso por ter escolhido tão bem, investindo seu dinheiro em três grandes organizações.

Esse honesto elogio aos meus competidores me prejudicou? Pois bem, vejamos o que aconteceu:

Ao fazer esses comentários, rápidos mas favoráveis, finalizei dizendo:

— Sabe de uma coisa, Sr. Jones, temos *três* grandes companhias aqui mesmo em Filadélfia: a Provident, a Fidelity e a Penn Mutual. Estão entre as maiores dos país.

Ele pareceu impressionado com o meu conhecimento dos competidores e por ter me dado ao trabalho de elogiá-los. Quando coloquei minha companhia na mesma classe das outras, com as quais já era familiarizado, estava preparado para aceitar as minhas afirmativas como sendo precisas.

Aqui está o que aconteceu: segurei A. Conrad Jones pessoalmente e em questão de poucos meses sua firma me comprou uma grande linha de seguros empresariais, garantindo as vidas dos seus quatro principais executivos. Quando o presidente, Henry R. Lippincott, me pediu para falar sobre a Fidelity, a companhia onde todos aqueles seguros estavam sendo feitos, o Sr. Jones intrometeu-se e repetiu, quase que palavra por palavra, tudo o que eu lhe dissera meses antes sobre "as três grandes companhias de Filadélfia".

Não, elogiar meus competidores não efetuou essas vendas, mas foi a conquista da primeira base, o que mais tarde me colocou em posição de rebater com todas as bases guarnecidas! A sorte estava do meu lado e, aí, o resto foi fácil.

Na minha experiência, um quarto de século elogiando a concorrência demonstrou ser um método bom e lucrativo de fazer negócio. Em toda a nossa vida, em nossos contatos diários, socialmente e a negócios, não estamos sempre querendo conquistar a confiança uns dos outros? Descobri que o meio mais rápido para ganhar e manter a confiança dos outros é aplicar a regra enunciada por um dos maiores diplomatas do mundo, Benjamin Franklin: "Não falarei mal de homem algum — e falarei todo o bem que souber de todos."

Assim, a Regra Número Três é:

ELOGIE SEUS COMPETIDORES.

17 COMO CONSEGUIR UMA RECUSA SUMÁRIA!

FUI DISTINGUIDO COM a cortesia de uma entrevista final com Arthur C. Emlen, presidente da Harrison, Mertz & Emlen, importante firma de engenharia, construção e arquitetura em Filadélfia. Tratava-se de um negócio muito vultoso e competitivo. O Sr. Emlen chamou os outros quatro membros da firma para a sua sala. Quando todos nós sentamos, senti, de algum modo, que estava prestes a ouvir uma recusa sumária. E acertei.

Eis a entrevista:

EMLEN: Sr. Bettger, não tenho boas notícias para o senhor. Estudamos cuidadosamente este assunto e decidimos fazer o negócio através de outro corretor.

EU: O senhor se incomodaria de me dizer o motivo?

EMLEN: Bem, ele apresentou a mesma proposta que o senhor, só que a custos mais baixos.

EU: Posso ver os números?

EMLEN: Isto dificilmente seria justo com o outro corretor, seria?

EU: Ele viu a *minha* proposta?

EMLEN: Bem... hum... viu, mas só porque queríamos dar a ele os números no mesmo plano.

EU: Por que não me dar então o mesmo privilégio dado a ele? Sua firma perderia alguma coisa?

EMLEN (*consultando seus sócios com o olhar*): O que é que vocês acham?

MERTZ: O.K. Acho que não temos nada a perder.

(*Emlen me entregou a proposta. Assim que a vi, percebi que havia algo errado. Era mais do que um exagero. Era uma deturpação!*)

EU: Posso usar seu telefone?

EMLEN (*um pouco surpreso*): Vá em frente.

EU: Pode me ouvir na extensão, Sr. Emlen?

EMLEN: Claro.

(*Em pouco tempo estávamos falando com o gerente local da companhia cujos números o outro corretor propusera.*)

95

EU: Alô, Gil! Aqui é Frank Bettger. Gostaria de saber algumas taxas com você. Está aí com suas tabelas à mão?

GIL: Estou sim, Frank. Vá em frente.

EU: Procure nos quarenta e seis anos daquele seu plano modificado. Qual é a taxa?

(*Gil me deu o número, exatamente igual ao que tinha em mãos. Quarenta e seis anos era a idade do Sr. Emlen.*)

EU: Qual é o primeiro dividendo?

(*Gil leu para mim: também batia exatamente.*)

EU: Pode me dar agora a tabela de vinte anos?

GIL: Não posso. Só podemos cotar *dois* dividendos.

EU: Por quê?

GIL: Bem, como se trata de um contrato novo, a companhia não sabe qual será o desempenho deles.

EU: É possível fazer uma estimativa?

GIL: Não, Frank, não podemos prever com segurança condições futuras. Por isso a lei não permite estimar dividendos futuros.

(*A proposta que eu tinha em mão exibia uma estimativa extremamente liberal de dividendos para os próximos vinte anos.*)

EU: Obrigado, Gil. Espero ter mais negócios com você dentro em breve.

O Sr. Emlen escutara toda a conversa. Quando desligamos houve uma pequena pausa. Limitei-me a ficar sentado, em silêncio, olhando para ele. Erguendo os olhos ele me encarou, virou-se para os seus sócios e disse:

— Bem, então é isso!

O negócio foi meu, sem mais uma pergunta. Acredito que o meu competidor poderia ter ganhado, se simplesmente tivesse falado a verdade! Ele não perdeu apenas aquela venda; perdeu toda e qualquer chance de um dia voltar a fazer negócio com aqueles homens. Além do mais, perdeu o respeito próprio.

Como sei? Porque há muito tempo perdi um negócio exatamente nas mesmas circunstâncias. Só que eu estava do lado errado. A competição era com um amigo meu. Se eu tivesse me limitado a apresentar os fatos, provavelmente teria fechado o negócio, pelo menos na metade do valor, pois o presidente da firma a quem eu estava tentando vender queria me dar o negócio. Teria significado muito para mim, naquele tempo. A tentação foi demasiado grande e exagerei as possibilidades do que estava vendendo. Na verdade, cheguei a falsear os números. Pois bem, alguém suspeitou e verificou com a minha companhia. Perdi o negócio; perdi a confiança e o res-

96

peito do meu bom amigo; perdi o respeito do meu competidor e, pior que tudo, perdi o respeito próprio.

Foi uma experiência amarga. Fiquei tão chocado que não dormi a noite toda, pensando no caso. Levei anos para me recuperar da humilhação. Mas, hoje, acho bom ter perdido, porque me ensinou que a filosofia de Karl Collings — "Sim, mas *eu* vou saber." — era a melhor de todas, afinal. Tomei uma decisão. Nunca mais hei de querer coisa alguma a que não tenha direito; o preço é alto demais!

18 UM MODO INFALÍVEL PARA CONQUISTAR A CONFIANÇA

DISSERAM-ME QUE, provavelmente, a coisa mais importante que um advogado pode fazer num julgamento é apresentar suas testemunhas. Naturalmente que o juiz e o júri acreditam que o advogado seja parcial nos seus pontos de vista, de tal sorte que descontam um pouco das coisas que ele diz. Mas o bom depoimento de uma testemunha confiável exerce uma poderosa influência sobre a corte, conquistando a confiança das pessoas para o advogado.

Vejamos como o depoimento de uma testemunha ajuda nas vendas.

Durante muitos anos, por ocasião de cada contrato vendido por mim, o comprador assinava o recibo impresso da nossa companhia, chamado de "recibo de aceitação". Eu os fotocopiava e os colava em um caderno de folhas soltas. Na minha opinião, esses recibos exerciam uma vigorosa influência ao estabelecer confiança em mim por parte de pessoas estranhas. Ao me aproximar do "fechamento", geralmente digo algo assim:

— Sr. Allen, naturalmente que sou parcial a este respeito. Qualquer coisa que diga sobre este plano será favorável; por isso quero que o senhor fale com alguém que não tem interesse em vendê-lo. Posso usar seu telefone por um minuto?

Ligo, então, para uma das minhas "testemunhas", de preferência alguém cujo nome o meu possível comprador tenha reconhecido ao dar uma olhada nas assinaturas dos "recibos de aceitação". Com freqüência, um vizinho ou amigo. Quando possível, é uma ligação interurbana. Acho os interurbanos mais efetivos. (Lembre-se! Estas ligações são feitas no telefone do comprador. Só recorro a elas quando é possível saber de pronto o custo do telefonema, *que sempre pago imediatamente*.)

Quando tentei isto pela primeira vez, tive medo de que o comprador me detivesse, mas até hoje nada disso aconteceu. Na verdade, todo mundo parece satisfeito em falar com a minha "testemunha". Às vezes, é um velho amigo e a conversa deriva para rumos muito distantes do objetivo original da chamada.

98

Tive esta idéia de maneira inteiramente acidental, mas descobri que é um modo soberbo para trazer à baila o depoimento de testemunhas. Nunca tive muito sucesso em vencer objeções com réplicas inteligentes. Nos livros, parecem ótimas, mas quando tento empregá-las parecem resultar apenas em discussões. Achei cem vezes mais útil arranjar um depoimento direto de uma das minhas "testemunhas", as quais se encontram tão longe de nós quanto um telefone.

Como minhas testemunhas reagem? Sempre parecem felizes por dar seu conselho. Quando vou vê-las para expressar meu agradecimento, descubro que tem efeito duplo, pois em seu esforço para vender ao meu novo cliente, elas se tornam mais entusiasmadas que eu por aquilo que lhes vendi.

Anos atrás, um amigo meu estava a fim de comprar um aquecedor a óleo para a sua residência. Recebeu cartas e catálogos de várias companhias. Uma das cartas dizia algo mais ou menos assim: "Aqui está uma lista de seus vizinhos que têm, em suas casas, o conforto do nosso aquecedor. Por que não pega o telefone e liga para o Sr. Jones, seu vizinho, e pergunta a ele o que acha do nosso aquecedor?"

Meu amigo pegou *mesmo* o telefone e falou com alguns dos vizinhos que estavam naquela lista. *E comprou o tal aquecedor!* Embora isto tenha acontecido há dezoito anos, ele me disse recentemente: "Nunca me esqueci do texto daquela carta."

Algumas semanas após ter dado uma palestra em Tulsa, Oklahoma, um vendedor me escreveu e contou como começara a usar esta idéia com resultado sensacional. Eis seu depoimento:

"— Sr. Harris, existe uma loja em Oklahoma, mais ou menos do mesmo tamanho da sua, que conseguiu mais de quarenta novos clientes no mês passado por ter começado a vender um certo artigo anunciado nacionalmente. Se fosse possível para o senhor falar com o proprietário dela, não ia querer fazer algumas perguntas sobre isso?

— Claro que sim!

— Posso usar seu telefone por um minuto?

Telefonei imediatamente para o dono da outra loja e depois deixei os dois comerciantes conversando, escreveu o tal vendedor.

Descobri que não é só uma abordagem perfeita, continuou ele, como também é uma das melhores idéias de vendas que já tive."

Segue-se mais uma experiência que me foi contada pelo próprio Dale Carnegie. Ele mesmo a conta:

— Eu queria a indicação de um acampamento de férias no Canadá, onde pudesse encontrar boa comida, boas instalações para dormir e boas pescarias e caçadas. Assim, escrevi para o departamento de lazer de New Brunswick. Pouco tempo depois, recebi respostas de uns trinta ou quarenta acampamentos como o que eu queria, com folhetos de todo o tipo, o que me confundiu mais ainda. Mas, houve um homem que me escreveu o seguinte: "Por que não liga para essas pessoas, na cidade de Nova York, que estiveram conosco recentemente, e pergunta o que acharam?" Reconheci o nome de um homem na lista e liguei. Ele se derramou em elogios, dizendo que o tal lugar era maravilhoso... Ali estava, pois, um homem a quem eu conhecia, em quem podia acreditar, e que era capaz de me dizer exatamente o que eu queria. *Um testemunho direto*. Pude obter informações confidenciais. Nenhum dos outros me apresentou *testemunhas*. Claro que seria possível fazer o mesmo em todos os outros acampamentos, mas ninguém se deu ao trabalho de usar aquilo que ganharia a minha confiança mais depressa do que qualquer outra coisa!

Assim, um modo infalível de conquistar rapidamente a confiança é

CONVOCAR SUAS TESTEMUNHAS.

19 COMO TER A MELHOR APARÊNCIA POSSÍVEL

EIS UMA IDÉIA que me deram há trinta anos e que uso desde então. Um dos homens mais bem-sucedidos de nossa organização me disse:
— Quer saber de uma coisa? De vez em quando, olho para você e tenho de rir. A maior parte do tempo você se veste como um monstro excêntrico!

Bem, foi um bocado difícil de engolir, mas aquele sujeito era um dos melhores. Eu sabia que era sincero e escutei.

E tive muito o que escutar, porque ele falou *tudo*.

— Você usa o cabelo comprido demais e fica parecendo com um jogador de futebol de antigamente. Por que não o corta como um homem de negócios? Mande cortar toda a semana, para que tenha sempre a mesma aparência. Não sabe dar o laço na gravata. Tome umas lições com um bom camiseiro. Suas combinações de cores são positivamente engraçadas! Por que não se coloca nas mãos de um perito? Ele lhe ensinará como se vestir.

— Não posso pagar uma coisa dessas — protestei.

— O que é que você quer dizer com isso? — retrucou ele. — Não lhe custará um centavo. Pelo contrário, vai economizar dinheiro. Agora, ouça-me. Escolha um bom camiseiro. Se não conhecer nenhum, vá procurar Joe Scott e Hunsicker. Diga que fui eu que mandei você. Diga-lhe, francamente, que não tem muito dinheiro para gastar em roupas, mas que quer saber como se vestir bem. Diga que se o aconselhar e ensinar, seja qual for a quantia que gastar em roupas, será gasta ali mesmo, na loja dele. Joe vai gostar disso. Vai se interessar pessoalmente por você; vai lhe mostrar o que deve usar. Vai lhe economizar tempo e dinheiro. E você vai ganhar mais dinheiro, porque as pessoas terão mais confiança em você.

Jamais me ocorrera aquela idéia. Foi o melhor conselho que já ouvi sobre como estar sempre bem-vestido. E sempre me senti feliz por tê-lo seguido.

Coloquei-me nas mãos de um bom barbeiro chamado Ruby Day. Disse-lhe que passaria a cortar o cabelo toda semana; que queria ficar com a aparência de um homem de negócios e que meu cabelo parecesse sempre igual. Aquilo me custou mais dinheiro do que eu jamais gastara numa barbearia, mas economizei no passo seguinte.

101

Procurei Joe Scott e ele concordou alegremente com o trato que propus. Ele me ensinou a dar o laço na gravata; ficou ao meu lado enquanto eu praticava, até que consegui atingir um nível de qualidade quase igual ao seu. Sempre que eu comprava um terno, ele se interessava vivamente e me ajudava a escolher camisas, gravatas e meias combinando. Dizia-me que tipo de chapéu usar e me ajudava a escolher o sobretudo. De tempos em tempos, dava-me pequenas lições sobre como estar bem-vestido. Deu-me um livrete que muito me ajudou. Outro conselho importante que recebi dele me economizou dinheiro suficiente, através dos anos, para comprar muitos ternos. Eu tinha o hábito de usar o mesmo terno até que ficava parecendo que eu tinha dormido com ele. Aí, então, mandava lavá-lo e passá-lo.

— Passar a roupa com freqüência — explicou Joe — tira a vida do pano e a roupa acaba muito mais depressa. Ninguém deveria usar o mesmo terno dois dias seguidos. Se só tem dois, alterne. Quando tirar a roupa, pendure o paletó num cabide e estique a calça num lugar plano, em vez de pendurá-la no calceiro. Se fizer isso, as dobras desaparecerão e suas roupas raramente precisarão ser passadas, até que as mande para lavar a seco.

Mais tarde, depois que pude gastar mais dinheiro comigo, Joe provou-me ser uma grande economia investir em diversos ternos. Podia, assim, deixar cada um deles descansando no cabide diversos dias seguidos.

O meu amigo George Geuting, um homem que entendia mesmo de sapatos, me disse que essas mesmas regras se aplicam à questão dos calçados.

— Se você alterná-los todos os dias — disse George —, os sapatos ficam em melhores condições, conservam a vida e a forma e duram muito mais.

Disse alguém: "O traje não faz o homem, mas faz noventa por cento do que se vê dele." A menos que o homem pareça importante, as pessoas não acreditarão que seja importante. E não há dúvida: quando você sente que está bem-vestido, sua atitude mental em relação a você mesmo melhora e sua autoconfiança aumenta.

Então, aqui está a idéia mais prática que já ouvi sobre como melhorar sua aparência: "Coloque-se nas mãos de um especialista."

MELHORE SUA APARÊNCIA.

SUMÁRIO

PARTE TRÊS

LEMBRETES

1. Mereça Confiança. O teste é o seguinte: se você *não* acredita, a outra pessoa acreditará?

2. Para ter confiança em si próprio e conquistar e manter a confiança dos outros, a regra essencial é: conheça o seu trabalho e... continue conhecendo o seu trabalho!

3. Um dos meios mais rápidos para conquistar e manter a confiança dos outros é aplicar a regra de um dos maiores diplomatas do mundo, Benjamin Franklin: "Não falarei mal de homem algum — e falarei todo o bem que souber de todos." Elogie seus competidores!

4. Procure não ser muito enfático; nunca exagere! Lembre-se da filosofia de Karl Collings: "Sim, mas *eu* vou saber."

5. Um modo infalível de ganhar depressa a confiança de uma pessoa é: Convoque suas testemunhas. Elas estão tão perto de você quanto o telefone.

6. Procure ter a melhor aparência possível Coloque-se nas mãos de um especialista.

PARTE QUATRO

Como Fazer com Que as Pessoas Queiram Fazer Negócios com Você

20 UMA IDÉIA QUE APRENDI COM LINCOLN ME AJUDOU A FAZER AMIGOS

UM DIA, quando estava saindo do escritório de um jovem advogado, fiz uma observação que o levou a olhar-me surpreendido. Era a minha primeira visita e não conseguira interessá-lo nem um pouco no que estava tentando vender. Mas, o que disse, quando ia embora, interessou-o imensamente.

Aqui reproduzo a conversa:

— Sr. Barnes, acredito que tenha um grande futuro à sua frente. Jamais o aborrecerei, mas, se não se incomodar, vou entrar em contato com o senhor de tempos em tempos.

— O que quer dizer com um grande futuro? — perguntou o jovem advogado. Pelo jeito como falou, logo vi que estava pensando que o que eu disse não passava de uma lisonja barata.

— Ouvi-o falando na reunião da associação Seigel Home-Town, e achei que foi um dos melhores discursos que já ouvi. E não foi apenas a minha opinião. Gostaria que tivesse ouvido algumas das coisas boas que nossos membros disseram após a sua saída.

Se ele ficou satisfeito? Ficou eletrizado! Perguntei como começara a falar em público. A resposta foi relativamente extensa e, quando do acabou, disse:

— Venha me ver sempre que quiser, Sr. Bettger.

Com o passar do tempo, aquele homem construiu uma importante banca de advocacia. Na verdade, tornou-se um dos advogados mais bem-sucedidos da cidade. Mantive contato cerrado com ele e, à medida que foi crescendo, fizemos cada vez mais negócios. Tornamo-nos bons amigos e ele passou a ser um dos meus melhores centros de influência.

Finalmente, ele tornou-se consultor jurídico de empresas como a Companhia de Refinação de Açúcar Pensilvânia, a Siderúrgica Midvale e a Horn & Hardart, uma indústria de panificação. Foi eleito para o conselho de administração de algumas delas. Mais tarde, deixou de exercer a advocacia e aceitou uma das maiores honras que um homem pode receber do seu estado natal: tornou-se juiz da Suprema Corte do Estado da Pensilvânia. Seu nome? H. Edgar Barnes.

Nunca deixei de dizer a Edgar Barnes o quanto acreditava nele. Com freqüência ele me falava confidencialmente do seu progresso. Compartilhei de sua felicidade e mais de uma vez afirmei: "Eu sempre soube que você ia ser um dos principais advogados de Filadélfia." O juiz Barnes nunca tocou nisso diretamente comigo, mas observações feitas por amigos comuns me deram a sensação de que o encorajamento que lhe dei, ao longo do seu percurso, teve um pouquinho a ver com seu notável sucesso.

As pessoas gostam que você demonstre acreditar nelas e que espera maiores coisas delas? Se o seu interesse é sincero, não sei de nada de que possam gostar mais. Ouve-se falar muito de pessoas famintas em outros países e continentes, mas há milhões de pessoas passando fome, aqui mesmo ao nosso lado. Milhares de pessoas na sua ou na minha cidade estão famintas... de elogio sincero e admiração!

Abraham Lincoln escreveu algo há muitos anos sobre fazer amigos. É antigo, mas me ajudou tanto que vou repeti-lo aqui:

> Se quiser conquistar um homem para a sua causa, primeiro convença-o de que é seu amigo sincero. Há nisso uma gota de mel que prende o coração e que é estrada que conduz diretamente à razão; uma vez conquistada a razão, você terá pouca dificuldade em convencê-lo da justiça de sua causa, se na verdade for uma causa justa.

Anos atrás me disseram para procurar um rapaz que trabalhava na Companhia de Crédito Girard, esquina das ruas Broad e Chestnut, em Filadélfia. Ele tinha então 21 anos de idade. Consegui fazer-lhe uma pequena venda. Um dia, depois que o conheci melhor, eu lhe disse:

— Clint, você ainda há de ser o presidente desta companhia, ou um dos seus diretores.

Ele riu, mas insisti:

— Não, estou falando sério. Por que não poderia ser? O que vai detê-lo? Tem todas as qualificações naturais. É jovem, ambicioso e com excelente aparência. Tem grande personalidade. Lembre-se de que todas as pessoas em posição de mando aqui começaram como simples auxiliares de escritório. Um dia vão morrer ou se aposentar. Alguém tomará seus lugares. Por que não você? Você chegará lá, Clint, se o desejar!

Instei com ele para que fizesse um curso avançado relativo ao seu trabalho e outro para falar em público. Ele seguiu meu conselho e fez os dois. Até que um dia os empregados foram convocados para uma reunião, onde seus chefes lhes falaram sobre um determinado problema que a instituição de crédito enfrentava. A reunião era porque a direção queria se beneficiar de alguma sugestão que os empregados pudessem ter.

Meu jovem amigo, Clinton Stiefel, levantou-se e deu suas idéias para resolver o problema. Falou com tanta confiança e entusiasmo que surpreendeu a todos. Os amigos se reuniram em torno dele após a reunião, cumprimentando-o e dizendo que tinham ficado assombrados ao ver que sabia falar tão bem.

No dia seguinte, o diretor que tinha conduzido a reunião chamou Clint ao seu escritório, fez-lhe um grande elogio e disse que o banco ia adotar uma das suas sugestões.

Não se passou muito tempo e Clinton Stiefel foi promovido a chefe de departamento. Onde está ele hoje? Clinton é vice-presidente da Companhia de Crédito Provident, uma das melhores e mais antigas instituições bancárias da Pensilvânia.

O Sr. Stiefel se dá ao trabalho de me recomendar a outras pessoas, e, no que diz respeito a seus seguros pessoais, não tenho medo de competição.

Muitos anos atrás visitei dois amigos, jovens promissores, mas que pareciam estar deprimidos. Procurei animá-los. Falei sobre as coisas boas que ouvira a respeito deles na praça, da boca de representantes de grande indústrias, de negociantes estabelecidos há longo tempo e dos seus competidores! Lembrei do início deles, numa salinha, há apenas cinco anos. Fiz a seguinte pergunta:

— Como foi que vocês se meteram nesse negócio?

A pergunta fez com que rissem e se pusessem a falar sobre os difíceis tempos iniciais. Algumas das histórias eu nunca tinha ouvido antes. Falei que não conhecia ninguém no ramo deles com uma perspectiva mais brilhante. O que pareceu reavivar o ânimo dos dois foi ouvir a minha afirmativa de que agora eram considerados pelos seus competidores como estando entre os líderes da indústria. Provavelmente já sabiam disso, mas como tudo indicava que ninguém os elogiava havia tanto tempo que ouvir aquilo foi exatamente o remédio que o doutor tinha receitado.

Quando fui embora, o mais jovem foi até o elevador comigo, o braço passado pelo meu ombro. Quando entrei no elevador, ele riu e disse:

— Volte *toda* segunda-feira de manhã, para nos levantar o moral, sim, Frank?

109

Voltei mesmo, muitas e muitas vezes, ao longo dos anos, e animei-os com minhas histórias, sem esquecer de falar sobre o que eu tinha de vender. Aqueles dois homens continuaram a crescer e prosperar e meu negócio cresceu com eles também.

Tenho me inspirado lendo sobre alguns grandes homens da História, mas minha maior inspiração e algumas das melhores idéias que aprendi têm vindo dos homens com quem fiz negócio e dos amigos que conquistei através dos anos. Como lucrei com suas idéias, sempre fiz questão de lhes contar o que se passou. Não há quem não goste de saber que ajudou. Vejamos um exemplo:

Eu estava conversando com Morgan H. Thomas, nesse tempo gerente de vendas da Companhia de Papel Garrett-Buchanan, com sede em Filadélfia. Falei:

— Morgan, você tem sido uma grande inspiração para mim. Ajudou-me a ganhar mais dinheiro e a desfrutar de melhor saúde.

Ele acreditou em mim? Perguntou:

— O que é que você está querendo, brincar comigo?

— Não — respondi. — Quero dizer exatamente o que falei. Alguns anos atrás, seu presidente, o Sr. Sinex, me disse que você veio trabalhar aqui quando era garoto e que tinha de entrar às sete da manhã e varrer tudo antes que alguém chegasse. Só que, segundo as palavras dele, "o Morgan agora é gerente de vendas, mas ainda chega às sete da manhã todos os dias. Ainda é o primeiro homem na casa sempre!" Pois muito bem, pensei, chegar aqui às sete horas significa que Morgan Thomas não se levanta depois das *seis*. E se ele pode se levantar às seis da manhã e ter a boa aparência que tem, vou tentar fazer a mesma coisa. E foi o que fiz. Entrei no "clube das seis horas", Morgan, nunca me senti melhor em toda a minha vida e consigo fazer muito mais coisas. Foi assim que me ajudou a ganhar mais dinheiro.

Sei que o Sr. Thomas ficou satisfeito de saber que tinha me ajudado.

Hoje, Morgan Thomas preside a Companhia de Papel Garrett-Buchanan, a segunda maior distribuidora de produtos de papel do país. Morgan é um dos meus maiores clientes e quase todos os homens-chave daquela excelente organização compram seguros comigo.

Eis uma pergunta que usei um número incontável de vezes: "Como foi que o senhor entrou neste ramo de negócio?"

A resposta geralmente é: "Bem, é uma longa história."

Quando ele começa a se abrir e a falar a respeito da sua vida profissional, sempre fico fascinado. É um grande romance para mim saber como começou; tomar conhecimento das dificuldades dos primeiros tempos; saber como foram vencidas; ter idéia da pobreza do princípio. Mas se é um romance para mim é um romance ainda maior para quem o viveu. Só que raramente ele encontra alguém interessado o bastante para ouvir tudo aquilo. Se encorajado, vai adorar contar a sua história. Se você estiver realmente interessado e parecer que está se beneficiando com a experiência dele, ele poderá descer a detalhes ao contar seu passado.

Depois que saio, anoto muitas das coisas que ouvi: onde nasceu, o nome da mulher, dos filhos, suas ambições, seus *hobbies*. Tenho fichas com essas coisas em meus arquivos datadas de 25 anos atrás.

Às vezes, as pessoas ficam assombradas por ver como lembro de tantas coisas a seu respeito. Ter verdadeiro interesse nos outros me tem sido de grande utilidade para dar início a muitas amizades calorosas e duradouras.

Parece haver algo de mágico nesta pergunta: "Como foi que você começou a trabalhar nisto?" Com freqüência ajudou-me a ter entrevistas favoráveis com clientes difíceis, que alegavam estar atarefados demais para me ver. Vamos pegar uma experiência típica. Aqui está uma entrevista real com um empresário que, aparentemente, só tinha uma idéia na cabeça quanto a vendedores: livrar-se deles.

EU: Bom dia, Sr. Roth! Meu nome é Bettger, da Companhia de Seguros Fidelity Mutual. Conhece o Sr. Walker? (*Entrego cartão com mensagem pessoal de Jim Walker.*)

ROTH (*expressão profundamente desagradável... olha para o cartão... joga em cima da mesa e fala furiosamente*): Você é outro vendedor?

EU: Sim, mas...

ROTH (*interrompendo antes que eu pudesse dizer outra palavra*): Você é o décimo vendedor que vem aqui hoje. Tenho muito o que fazer. Não posso ficar ouvindo conversa de vendedor o dia inteiro. Não me aborreça, sim? Não tenho tempo!

EU: Vim apenas para me apresentar ao senhor, Sr. Roth. O objetivo da minha visita é marcar uma entrevista com o senhor para amanhã, ou mais para o fim da semana. Qual a melhor hora para vê-lo por uns vinte minutos, de manhã bem cedo ou no final da tarde?

ROTH: Já disse que não tenho tempo para vendedores!

EU (*Deixo passar um minuto inteiro, enquanto examino um dos seus produtos em exibição no chão da sala.*): É o senhor que fabrica isso, Sr. Roth?

111

ROTH: Sim, sou eu.

EU (*mais um minuto examinando*): Há quanto tempo está no ramo, Sr. Roth?

ROTH: Oh... vinte e dois anos.

EU: Como foi que entrou neste tipo de negócio?

ROTH (*recua da mesa, começa a se aquecer*): Bem, é uma longa história. Fui trabalhar na Companhia John Doe quando tinha dezessete anos, trabalhei como um louco por dez anos, vi que não estava tendo o menor progresso e resolvi me estabelecer por conta própria.

EU: O senhor nasceu aqui mesmo em Cheltenham, Sr. Roth?

ROTH (*mais caloroso*): Não. Nasci na Suíça.

EU (*agradavelmente surpreso*): É mesmo? O senhor deve ter vindo para cá ainda muito jovem.

ROTH (*muito amável... sorridente*): Bem, saí da Suíça com quatorze anos. Vivi na Alemanha por algum tempo. Depois decidi que queria vir para cá.

EU: Deve ter sido preciso um bocado de capital para montar uma fábrica grande como esta.

ROTH (*sorrindo*): Bem, tudo começou com 300 dólares, mas foi indo até chegar aos 300 mil!

EU: Deve ser interessante ver como esses tanques são feitos.

ROTH (*levanta-se e se aproxima do tanque perto do qual estou de pé*): Sim, somos muito orgulhosos dos nossos tanques. Acreditamos que sejam os melhores do mercado. Gostaria de dar uma volta pela fábrica e ver como são feitos?

EU: Adoraria!

(*Roth passa o braço pelo meu ombro e me leva para o interior da fábrica.*)

O nome deste homem é Ernest Roth, principal proprietário de Ernest Roth e Filhos, em Cheltenham, na Pensilvânia. Não lhe vendi nada na primeira visita. Mas, por um período de dezesseis anos, fechei dezenove vendas com ele e seis dos seus sete filhos, um negócio que me rendeu bem e me capacitou a formar uma vigorosa e satisfatória associação com ele.

LEMBRETES

1. "Se quiser conquistar um homem para a sua causa, primeiro convença-o de que você é seu amigo sincero..."

Lincoln

2. Encoraje os jovens. Ajude os outros a verem como poderão vir a ter sucesso na vida.

3. Tente fazer com que a outra pessoa lhe diga qual a sua maior ambição na vida. Ajude-a a sonhar mais alto.

4. Se alguém o ajudou ou inspirou de algum modo, não faça disto um segredo. Conte a esse alguém o que aconteceu.

5. Pergunte como a pessoa começou sua vida profissional. E depois *seja um bom ouvinte.*

21 PASSEI A SER MAIS BEM-VINDO EM TODA A PARTE QUANDO FIZ ISTO

QUANDO JOVEM, tinha uma importante característica desfavorável que certamente teria significado meu fracasso, se não tivesse descoberto um modo de corrigi-la rapidamente. Eu tinha a cara mais triste e amargurada que alguém jamais viu, e ainda tenho uma velha foto para provar isto. Havia uma razão.

Meu pai morreu quando eu era menino, deixando minha mãe com cinco filhos pequenos e nenhum seguro. Minha mãe teve que lavar roupa e costurar para fora para nos alimentar e vestir e tentar nos manter na escola. Nossa pequena casa estava sempre fria: não tínhamos calor em parte alguma exceto na cozinha e não tínhamos sequer um tapete no chão. As doenças infantis corriam à solta naquele tempo: sarampo, escarlatina, febre tifóide, difteria. A impressão era a de que havia sempre um ou mais de nós acamado, com uma ou outra dessas doenças. Perseguida constantemente pela doença, fome, pobreza e morte, minha mãe perdeu três dos seus cinco filhos durante essas epidemias. Assim, muito raramente tínhamos motivos para sorrir. Na verdade, tínhamos medo de sorrir e ser felizes.

Assim que comecei a vender, descobri que uma expressão preocupada e amarga gera resultados praticamente infalíveis — pessoas que não o consideram bem-vindo e o fracasso.

Não foi preciso muito tempo para eu constatar que tinha séria desvantagem a vencer. Tinha consciência que não seria fácil tirar aquela expressão preocupada do meu rosto, deixada por tantos anos de privações. Significava uma completa mudança na minha perspectiva de vida. Aqui está o método que experimentei. E que começou a mostrar resultados *imediatamente* na minha casa, socialmente e nos negócios.

Todas as manhãs, durante um banho de quinze minutos e massagem vigorosa, tomei a decisão de cultivar um sorriso grande e feliz, só por aqueles quinze minutos. Descobri, em pouco tempo, contudo, que não podia ser um sorriso insincero e comercializado, com o único objetivo de pôr dinheiro no meu bolso. Tinha que ser

114

um sorriso absolutamente sincero, vindo de dentro, a expressão exterior da felicidade existente no coração!

Não, a princípio não foi fácil. Vezes sem conta descobri-me com pensamentos de dúvida, medo e preocupação durante o exercício. O resultado? A velha cara de novo! Sorriso e preocupação simplesmente não se misturam e, mais uma vez, eu forçava o sorriso. E voltavam os pensamentos otimistas e alegres.

Embora eu só fosse saber disto muito mais tarde, esta experiência parece consubstanciar a teoria do grande filósofo e mestre, o professor William James, de Harvard: "A ação *parece* seguir-se à emoção, mas na verdade os dois, ação e emoção, seguem juntos; e, regulando-se a ação, que está mais sob o controle da vontade, podemos indiretamente regular o sentimento, que não está."

Vejamos como, partindo desses quinze minutos diários de exercícios dos músculos do riso, fui ajudado durante todo o resto do dia. Antes de entrar no escritório de alguém, paro por um instante e penso nas inúmeras coisas que tenho para ser agradecido, abro um grande e sincero sorriso, e aí entro, com o sorriso tendo acabado de desaparecer do meu rosto. E, assim, descubro que fica fácil exibir um sorriso de felicidade para iniciar a entrevista. Poucas vezes não tive como reação o mesmo tipo de sorriso da pessoa que estivesse dentro daquela primeira sala. Quando a secretária entrava na sala do seu chefe e me anunciava, eu tinha certeza de que, de alguma forma, ela refletia um pouco dos sorrisos que havíamos trocado, pois geralmente voltava com ele ainda nos lábios.

Vamos supor que eu tivesse entrado com a expressão preocupada, ou forçando um daqueles sorrisos de borracha — você sabe, do tipo que os lábios voltam a se fechar, como um elástico —, será que a expressão da secretária não teria praticamente dito ao seu chefe para não me atender? Aí, então, entrando na sala dele, era natural para mim dar-lhe um sorriso feliz quando dizia: "Sr. Livingston! Bom dia!"

Descobri que as pessoas gostam quando passo por elas na rua e lhes dirijo um sorriso enorme e animador, dizendo apenas: "Sr. Thomas!" Significa muito mais para elas que os usuais "Bom dia... como vai... alô..." Se tiver bastante intimidade, experimente só o primeiro nome, "Bill!", com um sorriso enorme, caloroso.

Já reparou que as oportunidades parecem beneficiar o sujeito que tem um sorriso sincero e entusiástico e que, pelo contrário, freqüentemente vão contra quem anda por aí insatisfeito, indisposto ou mal-humorado?

As companhias telefônicas comprovaram, com um teste prático, como a voz com um sorriso vence. Apanhe seu telefone neste instante, inicie uma conversa com um grande sorriso e sinta a diferença. De repente, seria uma boa idéia se alguém inventasse um espelho que pudesse ser preso ao telefone, para que a gente pudesse *ver* a diferença.

Pedi a milhares de homens e mulheres em platéias espalhadas pelo país inteiro para que se comprometessem a sorrir, só por *trinta dias*, o seu sorriso mais feliz para todas as criaturas vivas que vissem. Mais de 75% das pessoas presentes em cada platéia levantaram as mãos de bom grado. Qual foi o resultado? Prefiro reproduzir um trecho de uma carta recebida de Knoxville, Tennessee. É semelhante a muitas das cartas que me foram enviadas:

> Minha mulher e eu tínhamos acabado de decidir que íamos nos separar. Claro que eu pensava que a culpa era inteiramente dela. Poucos dias depois comecei a pôr aquela idéia em ação, a felicidade foi restaurada na minha casa. Percebi que estava perdendo dinheiro com o meu negócio por causa da minha atitude rabugenta, de perdedor. No final do dia ia para casa e descontava na mulher e nas crianças. A culpa era inteiramente minha. Sou agora um homem inteiramente diferente do que era um ano atrás. Sinto-me mais feliz porque faço as outras pessoas felizes também. Agora todo mundo me cumprimenta com um sorriso. Além de tudo, meu negócio exibe um progresso surpreendente.

Este homem ficou tão animado com os resultados que obteve ao passar a sorrir que continuou me escrevendo anos a fio a este respeito!

Dorothy Dix disse: "Não há outra arma no arsenal feminino que torne os homens tão vulneráveis quanto o sorriso... É uma pena que as mulheres não ressaltem a alegria como uma virtude ou um dever, porque não há outra qualidade que ajude tanto a tornar o casamento um sucesso e a conservar o marido em casa. Não há homem que não apresse o passo na volta do trabalho, se souber que vai ao encontro de uma mulher cujo sorriso faça o sol brilhar dentro de casa."

Sei que parece inacreditável que se possa cultivar a felicidade com um sorriso, mas tente, só por trinta dias. Dê a todas as pessoas a quem encontrar o melhor sorriso que já sorriu em sua vida, inclusive sua mulher e seus filhos, e veja o quão melhor vai se sentir e parecer. É um dos melhores meios que conheço para parar de se preocupar e começar a viver. Quando comecei a fazer isto, descobri que passava a ser bem-vindo em toda a parte.

22 COMO APRENDI A LEMBRAR NOMES E ROSTOS

DURANTE UM ANO dei um curso de vendas na matriz da Associação Cristã de Moços em Filadélfia. Durante o curso, tivemos um perito em memória três noites por semana. O treinamento que nos deu fez-me perceber o quanto é importante lembrar o nome de uma pessoa.

Desde então tenho lido muito e assistido a diversas conferências sobre esse assunto. Nos negócios e nos contatos sociais tentei aplicar algumas das idéias que aprendi. Descobri que é muito menos difícil lembrar de nomes e rostos quando me lembro dessas três coisas que todos os peritos ensinam:

1. *Impressão*   2. *Repetição*   3. *Associação*

Se você tiver qualquer dificuldade em se lembrar destas três regras, como eu tive, eis uma idéia simples que tornou impossivel para mim esquecê-las. Bastava pensar nas iniciais *I R A, Ira.* Vamos nos deter um pouco na análise de cada uma:

1. IMPRESSÃO

Os psicólogos dizem que a maior parte dos problemas da nossa memória, na verdade, não são problemas de memória, e sim de *observação*. Acho que era este basicamente o meu problema. Eu observava muito bem o rosto da outra pessoa, mas falhava por completo ao memorizar seu nome. Ou não escutava quando era apresentado ou não ouvia bem. Adivinhe o que fiz? Tem razão: nada! Passava por cima como se o nome nada significasse para mim. Mas, se a outra pessoa deixasse de prestar atenção ao *meu* nome, eu me sentia magoado. Se prestasse atenção e o aprendesse com precisão, nunca deixava de me agradar. Passei a ficar tão preocupado com a importância desta primeira regra que comecei a considerar uma descortesia enorme quando não conseguia ouvir com atenção e entender corretamente um nome.

Como se pode entender um nome corretamente? Se não se ouvir com clareza o nome da primeira vez, é perfeitamente adequado pedir para a pessoa repeti-lo. Aí, se você continuar inseguro, não há nada demais em pedir para que soletre. Alguém se ofende com um interesse genuíno no seu nome? Nunca soube que isto já tenha acontecido.

Assim, a primeira coisa que me ajudou a lembrar de nomes e rostos foi me esquecer de mim mesmo e me concentrar o mais que pudesse na *outra pessoa,* seu rosto e seu nome. O que também me ajudou a vencer um certo constrangimento que sentia ao encontrar estranhos.

Dizem que o olho tira uma espécie de fotografia mental das coisas que vemos e observamos. É fácil comprovar isto, pois quando você fecha os olhos, pode visualizar o rosto de um estranho tão claramente como se estivesse apreciando seu retrato. Pode-se fazer a mesma coisa com um *nome.*

Fiquei surpreso ao ver como ficou muito menos difícil lembrar nomes e rostos, quando passei a me esforçar de verdade para observar o rosto da outra pessoa e obter *uma impressão clara e vívida do seu nome.*

2. Repetição

Já aconteceu de você esquecer o nome de um estranho dez segundos depois da apresentação? Acontece comigo, a menos que o repita diversas vezes, enquanto ainda está fresco na minha mente. Podemos repetir o nome imediatamente, ao dizermos:

— Como vai, Sr. Musgrave?

Depois, durante a conversa, me ajuda um bocado se uso o nome de algum modo, como:

— O senhor nasceu em Des Moines, Sr. Musgrave?

Se for difícil de pronunciar, é melhor não o evitar. Muitas pessoas fazem isso. Se eu não sei como pronunciar o nome, simplesmente pergunto:

— Estou pronunciando corretamente o seu nome? — Descobri que as pessoas sentem-se felizes em ajudar na pronúncia correta de seus nomes. E, se outras pessoas estão presentes, elas também ficam felizes, pois isso torna mais fácil compreender o nome e lembrá-lo.

Agora, depois de fazer tudo isso, você fica numa situação difícil se ainda assim esquece o nome da outra pessoa, o que é muito provável de acontecer comigo, a menos que eu o repita silenciosamente durante a conversa, além de dizê-lo em voz alta.

Da mesma forma, se quer se assegurar de que a outra pessoa lembre o seu nome, geralmente é possível encontrar uma oportunidade para repeti-lo, talvez algo assim: "...e ele me disse: 'Sr. Bettger, acabamos de ter o maior lucro dos últimos anos'."

Freqüentemente, depois que me afasto, escrevo o nome da outra pessoa na primeira oportunidade. Só ver o nome escrito já é uma grande vantagem.

Ser apresentado a diversas pessoas ao mesmo tempo é uma questão difícil para qualquer um. Aqui está uma idéia que me foi sugerida por um amigo, Henry E. Strathman, importante atacadista de carvão e de material de construção de Filadélfia.

Henry tinha péssima memória, mas conseguiu desenvolver tão notável capacidade para lembrar nomes, faces e fatos que hoje tem o *hobby* de fazer palestras para grandes platéias, demonstrando seus métodos. Passemos a citá-lo:

> Ao ser apresentado a grupos de pessoas, tente absorver três ou quatro nomes de cada vez e dedique alguns momentos para assimilá-los, antes de passar ao próximo grupo. Tente formar uma frase com alguns nomes, para fixá-los na sua cabeça. Exemplo: na semana passada, em um jantar, onde identifiquei cerca de cinqüenta pessoas num grupo de homens e mulheres, os convidados em uma das mesas foram apresentados pelo orador. Os seguintes nomes foram ditos: Castelo... Pires... Branco... Carvalho... Costa. Foi muitíssimo fácil compor uma frase e, mais tarde, quando identifiquei as pessoas, demonstrei assim o poder da associação: O *Carvalho* pintou o *Castelo* de *Branco* e não esqueceu as *Costas* dos *Pires*... Frases assim são muito efetivas e ficam com a gente muito tempo. Nem sempre se apresentam com tanta facilidade, e muitas vezes temos nomes e sobrenomes misturados, mas se a pessoa estiver atenta vai conseguir fazer algum tipo de associação.

Empreguei esta idéia com sucesso recentemente. Tive uma reunião com um comitê de quatro dentistas. Um deles, o Dr. Howard K. Mathews, que o presidia, fez as apresentações:

— Sr. Bettger, quero que conheça o Dr. Dolak, o Dr. Green e o Dr. Hand.

Enquanto apertei as mãos deles, fiquei imaginando que o apóstolo São Mateus havia voltado à vida como proeminente dentista e estava presidindo aquele comitê. Imaginei então a seguinte frase: "O Dr. *Mathews* (Mateus) não tem a massa mas o *Dolak* (dólar) tem um bocado de notas *Green* (verdes) na sua *Hand* (mão).

O fato de ter formado uma sentença, mesmo boba como esta, tornou mais *fácil* para mim lembrar o nome de cada dentista durante a reunião. Exatamente como Henry Strathmann tinha me dito, descobri que tais imagens permanecem comigo por longo tempo.

Você já se sentiu envergonhado por ser incapaz de fazer uma apresentação porque esqueceu o nome de alguém momentaneamente? Não conheço nenhuma fórmula que solucione uma coisa destas, mas há diversos recursos que me ajudaram a aperfeiçoar a capacidade de recordar nomes mais prontamente.

Primeiro — *Não fique ansioso demais.* É uma situação que pode acontecer a qualquer um e freqüentemente acontece. Descobri que é melhor dar uma risada e admitir francamente o que se passa do que entrar em pânico. Groucho Marx uma vez se saiu de uma dessas dizendo: "Nunca me esqueço de uma cara, mas, no seu caso, vou fazer uma exceção!"

Segundo — *Sempre que passar por um conhecido, chame-o pelo nome.* Diga, Sr. Follansbee! ou: Charles! E depois repita o nome mentalmente diversas vezes. Charles L. Follansbee... Charles L. Follansbee.

Já que as pessoas gostam de ouvir seus nomes, por que não adquirir o hábito de cumprimentar a todos pelo nome em todas as oportunidades, quer seja o presidente de sua companhia, um vizinho, o engraxate, o garçom, ou o carregador de malas na estação do trem ou *caddie*. Nunca deixo de me surpreender ao ver que diferença isto faz com as pessoas. E quanto mais eu faço isto, mais melhora minha memória para nomes.

Terceiro — *Sempre que possível, gaste um pouco de tempo, antes, para se familiarizar com o nome.* Os peritos em memória fazem isto. Antes de falarem num banquete ou jantar, eles obtêm uma lista dos presentes e estudam seus nomes e profissões. Então, durante a reunião, o perito pede a um conhecido para identificar as pessoas da platéia. Quando ele se levanta para falar, todos se assombram com a sua capacidade para identificar os comensais, mencionando cada um pelo nome e profissão.

Com mais modéstia, podemos usar a mesma idéia. Aqui está o que quero dizer. Anos atrás, quando eu era membro e freqüentador do Ben Franklin Club e do Optimist Club, me envergonhava da minha incapacidade de me dirigir aos outros sócios, gente que eu conhecia, pelo nome. Aí comecei a estudar a lista de membros antes das reuniões. Em pouco tempo, ganhei tanta confiança na minha nova capacidade de recordar prontamente seus nomes que passei a circular pelo salão, cumprimentando-os, ao invés de evitá-los. Comecei a fazer *amigos* entre aqueles homens, em vez de tê-los meramente como conhecidos.

O verdadeiro segredo da repetição é: repetir a intervalos. Faça uma lista das pessoas de quem quer se lembrar, ou de *qualquer coisa*, e dê uma olhada rápida nela pouco antes de dormir, logo ao acordar, no dia seguinte e mais uma vez na outra semana. Acredito que se pode lembrar de praticamente tudo, se se repetir a lista com bastante freqüência e a intervalos.

3. ASSOCIAÇÃO

E como é que vai se reter tudo aquilo que se deseja lembrar? A associação é, indubitavelmente, o fator mais importante.

Nós, às vezes, nos assombramos com a nossa capacidade de rememorar coisas que aconteceram na infância, nas quais desde então nunca mais havíamos pensado e de que, aparentemente, tínhamos esquecido. Por exemplo, há pouco tempo entrei num enorme posto de gasolina em Ocean City, Nova Jersey, para abastecer o carro. O proprietário me reconheceu, embora havia mais de quarenta anos que não nos víamos. Fiquei sem graça, pois não fui capaz de me lembrar de, algum dia, ter posto os olhos naquele homem.

Vamos ver agora a força da associação operando.

— Meu nome é Charles Lawson — disse ele, entusiasmado. — Fomos colegas na escola primária, a James G. Blaine Grammar School.

Pois bem, o nome dele não me pareceu familiar, e certamente que eu teria achado que havia se enganado, se não tivesse me chamado pelo nome e mencionado a escola. Mas meu rosto continuou com a expressão de quem não estava se situando e ele continuou:

— Lembra de Bill Green?... Harry Schmidt?

— Harry Schmidt! Claro — respondi — Harry é um dos meus melhores amigos.

— Não se lembra daquele dia em que a escola fechou por causa de um surto de sarampo e vários de nós fomos ao parque Fairmount para jogar beisebol? Você e eu jogamos no mesmo time. Você na primeira base e eu na segunda.

— Chuck Lawson! — gritei, saltando do carro e apertando a mão dele com toda a força.

Chuck Lawson tinha empregado a força da associação e dera certo, como que por mágica!

AJUDANDO A OUTRA PESSOA A SE LEMBRAR DO SEU NOME

As pessoas têm dificuldade para se lembrar do seu nome? Uma vez pensei com meus botões: "Escute aqui, Bettger, reconheça que seu nome é um bocado esquisito. Por que não ajudar um pouco o interlocutor?" Pensei um pouco e tive a seguinte idéia: quando estou sendo apresentado, ou me apresentando, repito meu nome e, com um sorriso, digo: "Pronuncia-se como 'bet-cher' (*melhor* [*better*], aproximadamente), assim como, por exemplo, em '*betcher* vida'!" Geralmente isto provoca um sorriso e a pessoa repete o que eu disse. Se a apresentação é comercial, faço um trocadilho com "melhor (*bet-cher, Bettger*) seguro de vida". Já aconteceu quando dou meu nome pelo telefone, ou em um lugar onde fico muito tempo sem ir, de a telefonista ou secretária me chamar de Sr. Melhor Vida!"

Acredito que muitas pessoas queiram realmente lembrar do seu nome e se sintam envergonhadas por não serem capazes de recordá-lo. Se puder sugerir um modo fácil para conseguirem o que desejam, elas ficarão satisfeitas.

Encontrando alguém que não se vê há muito tempo, penso que o melhor seja mencionar o nosso nome imediatamente. Por exemplo: "Como vai, Sr. Jones. Tom Brown é o meu nome. Eu costumava vê-lo com freqüência em tal ou qual lugar." Isso evita qualquer tipo de embaraço. E todo mundo gosta.

Muitas vezes a outra pessoa o ajudará a lembrar do seu nome, se você pedir. Um exemplo típico: recentemente conheci muita gente em Tulsa, Oklahoma. O nome de um homem, S. R. Clinkscales, me deu algum problema. O modo como fomos apresentados servirá para exemplificar como isto pode acontecer:

BETTGER: Importa-se de repetir seu nome?

(*Ele repetiu, mas me pareceu algo improvável, do tipo "Clykztuz".*)

ESTRANHO: C-l-i-n-k-s-c-a-l-e-s.

BETTGER: Clinkscales. É um nome pouco usual. Não creio já tê-lo ouvido antes. Há algum meio para facilitar decorá-lo?

Ele ficou ofendido? Nem um pouco. Sorrindo, disse:

— Basta imaginar eu sendo jogado na *cadeia* (*clink*) com duas *balanças* (*scales*)... *Clink-Scales!*

Tolice? Claro! Mas por isso mesmo é um bom método. Passei a ter uma imagem para me lembrar. Seria impossível esquecê-lo ou ao seu nome, *Clink-Scales*!

122

Tempos depois encontrei "Clink" por acaso em Enid, Oklahoma, e cumprimentei-o na mesma hora pelo nome. "Clink" ficou satisfeito e eu também, claro.

Se é extremamente difícil dominar um nome, pergunto pela sua história. Muitos nomes estrangeiros têm uma história romântica por trás. Qualquer pessoa prefere falar sobre o próprio nome que a respeito do tempo, e é mesmo muitíssimo mais interessante.

Às vezes, a recompensa por lembrar nomes é inteiramente desproporcional ao esforço extraordinário investido. Um velho amigo meu, que é modesto demais para deixar que eu use o seu nome, me disse que aprendeu o nome de cada um dos gerentes de 441 lojas de uma determinada cadeia. Chamava a todos pelo primeiro nome. Além disso, fez questão de descobrir os nomes de suas esposas e filhos. Quando nascia uma criança ou havia algum problema ou doença, Bill aparecia para ver se podia ajudar.

Bill emigrou da Irlanda aos dezenove anos; arranjou um emprego de faxineiro de uma dessas lojas. Tornou-se vice-presidente da companhia alguns anos mais tarde e aposentou-se, rico, aos 52 anos de idade.

Ser capaz de se lembrar de nomes e rostos não foi a razão pela qual Bill tornou-se vice-presidente, mas ele acredita que foi um dos mais importantes degraus de sua ascensão.

Perguntei se ele tinha feito um curso especial de memória.

— Não — respondeu, com uma risada. — A princípio, quando a minha memória não era tão boa, eu carregava sempre um caderno. Numa conversa comum e amistosa com o gerente da loja, descobria os nomes dos membros de sua família, inclusive as idades dos seus filhos. Assim que entrava no meu carro, escrevia os nomes e quaisquer outros fatos interessantes. Após alguns anos, não precisei mais consultar minhas anotações, exceto para os empregados mais novos.

No meu trabalho de vendedor, descobri ser uma grande vantagem lembrar não apenas do nome dos clientes e clientes em perspectiva, como também de suas secretárias, telefonistas e outras pessoas que trabalhem com eles. Dirigir-se a uma pessoa pelo nome faz com que ela se sinta importante. *E é mesmo!* Na verdade, nunca se chegará a avaliar corretamente a enorme importância da cooperação amistosa de toda essa gente.

Surpreendo-me com o grande número de pessoas que me dizem ser incapazes de lembrarem de nomes e se aborrecem com isto, mas acham que não há nada que possam fazer. Por que não cultivar um pequeno *hobby* secreto? Em um espaço de tempo relativa-

123

mente curto, será possível desfrutar de uma memória muito melhor para nomes e rostos que jamais se sonhou ter. Carregue por uma semana uma ficha com as três regras que se seguem nela escritas. Determine-se a aplicá-las nesses sete dias:

1. *Impressão* — Obtenha uma impressão clara do nome e rosto da outra pessoa.
2. *Repetição* — Repita o nome dela a intervalos curtos.
3. *Associação* — Associe o nome com uma imagem; se possível, inclua o trabalho da pessoa.

23 A MAIOR RAZÃO PELA QUAL OS VENDEDORES PERDEM NEGÓCIOS

NO TEMPO EM QUE Mark Twain pilotava barcos acima e abaixo do Mississippi, a Estrada de Ferro Rock Island decidiu construir uma ponte entre Rock Island, Illinois, e Davenport, Iowa. As companhias de barcos a vapor detinham uma grande e próspera parcela do comércio naquela época. Trigo, carnes em conserva e mais alguns outros itens que conseguíamos produzir com sobras eram transportados até o Mississippi por juntas de bois e carroças de rodas altas, e depois desciam o rio. Os proprietários dos barcos consideravam seus direitos de transporte no Mississippi tão ciumentamente como se tivessem sido concedidos por Deus.

Temendo uma competição acirrada, se a estrada de ferro conseguisse construir a ponte, os transportadores fluviais entraram com uma ação na justiça para impedir a construção. Resultado: um processo enorme. Muito ricos, os donos dos barcos a vapor contrataram o juiz Wead, o melhor advogado do país em assuntos de transporte fluvial. O caso tornou-se um dos mais importantes na história dos transportes.

No último dia do julgamento, o tribunal ficou superlotado. O juiz Wead, na peroração final, fascinou a multidão durante duas horas. Chegou inclusive a dar a entender que poderia haver uma dissolução da União por motivo daquela controvérsia. Ao final, foi intensamente aplaudido.

Quando o advogado da estrada de ferro levantou-se para falar, a platéia sentiu pena dele. E ele falou durante duas horas? Não! Um minuto. *Um minuto!* Aqui está o que disse:

— Primeiro, quero me congratular com meu oponente pela sua brilhante oração. Nunca ouvi um discurso tão bom. Mas, senhores membros do júri, o juiz Wead obscureceu a questão principal. Afinal, as necessidades das pessoas que viajam de leste para oeste não são menores que as necessidades de quem viaja rio acima e rio abaixo. A única questão que há para decidir é se as pessoas deste país têm mais direito a subir e descer o rio do que de atravessá-lo.

Aí ele se sentou.

O júri não precisou de muito tempo para chegar a uma decisão, a qual favoreceu o advogado que falou pouco, um caipira malvestido, alto, magro e desengonçado. Seu nome? Abraham Lincoln.

Sou grande admirador de Abraham Lincoln, e uma das razões pelas quais o sou é por ele atingir o núcleo da questão tão rapidamente. Era um mestre da concisão. Fez o discurso mais famoso na história do mundo. O homem que o precedeu no palanque falou por duas horas. Lincoln, a seguir, falou, por exatamente *dois minutos*. Ninguém lembra do que Edward Everett disse, mas o Discurso de Gettysburg, de Abraham Lincoln, permanecerá vivo para sempre. A opinião de Everett, ao discurso de Lincoln, ficou registrada num bilhete que lhe enviou no dia seguinte. Foi mais que cortesia: *Eu ficaria muito feliz se pudesse alimentar a ilusão de ter chegado tão perto da idéia central naquela oportunidade em duas horas quanto você em dois minutos.*

Há alguns anos tive o raro privilégio de conhecer James Howard Bridge, escritor e conferencista, que, quando jovem, foi secretário particular de Herbert Spencer, o grande filósofo inglês. Ele me contou que Spencer tinha o tipo de temperamento irritadiço a que chamamos de "pavio curto"; que na pensão em Londres, onde morava, havia constantemente muita conversa inconseqüente à hora das refeições. Spencer decidiu passar a perna nos seus amigos que falavam demais. Inventou protetores de orelhas parecidos com os que se usam hoje em dia para o frio. Quando a conversa ficava aborrecida demais, ele desligava-se retirando os protetores do bolso do casaco e colocando-os!

Falar demais é uma das nossas maiores falhas sociais. Se é o seu caso, o seu melhor amigo não lhe dirá nada, mas se esquivará de você. Estou focalizando esse assunto porque ele tem sido um dos maiores problemas da minha vida. Deus está de prova, pois já existiu, um dia, neste mundo, uma pessoa que falasse demais, essa pessoa foi um sujeito chamado Frank Bettger.

Um dos meus melhores amigos levou-me para um canto, certo dia, e disse:

— Frank, não posso lhe fazer uma pergunta que você leva quinze minutos respondendo, quando deveria precisar de uma única frase!

Entretanto, o que realmente me despertou para o problema foi quando eu estava entrevistando um executivo atarefado, que disse: "Vá logo ao ponto! Deixe de lado todos os detalhes." Ele não estava preocupado com a aritmética. Queria a resposta.

Não pude deixar de pensar nas vendas que provavelmente perdera, nos amigos que chateara e no tempo que desperdiçara. Fiquei tão impressionado com a importância de aprender a ser breve, que pedi a minha mulher para erguer a mão toda vez que eu me espalhasse. Passei a evitar detalhes como evitaria uma cascavel. Finalmente, com o passar do tempo, aprendi a falar menos, mas ainda é uma batalha. Na verdade, espero continuar lutando até a hora da morte. Ainda no outro dia, percebi que estava falando um quarto de hora depois que dissera tudo, simplesmente porque estava com vontade de falar.

E você, como é que anda nesta questão? Já se surpreendeu tão cheio de "corda" a ponto de não conseguir parar de falar? Já se viu perdido em excesso de detalhes? Sempre que perceber que está falando demais, pare! Arme um relógio despertador contra você mesmo. Se o seu interlocutor não insistir para que você se cale, então você não esteve se prolongando enfadonhamente.

Dificilmente o vendedor poderá *saber* demais, mas facilmente poderá *falar* demais. O vice-presidente da General Electric, Harry Erlicher, um dos maiores compradores do mundo, disse: "Num recente encontro de agentes de compras, fizemos uma votação para determinar qual seria a maior razão pela qual os vendedores *perdem* negócios. É muito significativo que o resultado, na proporção de três para um, tenha sido *falar demais*."

Posso dizer como corto minhas ligações telefônicas pela metade. Antes de telefonar para alguém, faço uma lista de coisas a respeito das quais quero falar. Aí então ligo e digo: "Sei que você está ocupado. Existem quatro coisas que quero tratar com você, e vou aproveitar para resolver todas de uma só vez... uma... duas... três... quatro..."

Quando termino o número quatro, ele sabe que a conversa está prestes a chegar ao fim, e que estou pronto para desligar, depois que ele responder. E termino a conversa ali mesmo com um "então está bem, muito obrigado". E desligo mesmo.

Não estou querendo dizer que devamos ser bruscos. Logo nos ressentimos contra a pessoa que é brusca, mas admiramos a pessoa que é concisa e vai logo ao ponto.

O grande autor do Gênese contou a história da criação do mundo com pouco mais de 400 palavras, menos da metade das que usei neste capítulo. Uma obra-prima de concisão!

24 ESTA ENTREVISTA ME ENSINOU A VENCER O MEDO DE ME APROXIMAR DE HOMENS IMPORTANTES

ALGUÉM ME PERGUNTOU, outro dia, se eu já tive medo. *Medo* não é bem a palavra para o que eu sentia. Eu ficava apavorado! Isto foi muito tempo atrás, quando eu tentava sair do buraco vendendo seguros de vida. Aos poucos, fui me dando conta de que se quisesse ter mais sucesso, teria que procurar gente bem-sucedida e vender apólices de maior valor. Em outras palavras, eu estivera jogando nas divisões secundárias e queria tentar as principais.

O primeiro figurão que fui ver chamava-se Archie E. Hughes, e era o presidente da Foss-Hughes Company, de Filadélfia, localizada no cruzamento das ruas do Mercado e 21. Era um dos líderes da indústria de autopeças do Leste, um homem muito atarefado. Efetuei diversas tentativas até conseguir vê-lo.

Quando sua secretária introduziu-me em seu luxuoso escritório, fiquei nervoso. Minha voz tremeu quando comecei a falar. De repente, perdi a coragem por completo e não consegui continuar. E lá fiquei, parado, tremendo de medo. O Sr. Hughes me olhou espantado. E aí, sem o saber, fiz uma coisa sábia que transformou a entrevista de ridículo fracasso em sucesso absoluto. Gaguejei:

— ...Eu... bem... estou tentando ver o senhor há tanto tempo... e... agora que estou aqui... bem, estou tão nervoso e assustado que não consigo falar!

Enquanto fui falando, para minha surpresa, o medo foi me abandonando. A cabeça clareou, as mãos e os joelhos pararam de tremer. O Sr. Hughes, de repente, pareceu tornar-se meu amigo. Evidentemente, ficou satisfeito com o fato de eu considerá-lo uma pessoa tão importante. Uma expressão bondosa apareceu em seu rosto quando disse:

— Está tudo bem. Não há pressa. Senti-me assim, muitas vezes, quando era jovem. Sente-se e acalme-se.

Diplomaticamente ele me encorajou a prosseguir, fazendo-me perguntas. *Era evidente que se eu tivesse uma idéia que ele pudesse usar, ele, definitivamente, me ajudaria a fazer a venda.*

Não vendi nada para o Sr. Hughes, mas ganhei algo que, mais tarde, foi comprovadamente de mais valor que a comissão que eu teria ganhado com aquela venda. Descobri esta regra simples: *Quando estiver com medo... admita-o!*

Eu pensava que aquele medo de falar com gente importante era devido à falta de coragem. Tinha vergonha. Procurava guardar segredo. Mas, depois, aprendi que muitos homens bem-sucedidos, importantes na vida pública, são perseguidos pelo mesmo tipo de medo. Por exemplo, na primavera de 1937, no Teatro Empire de Nova York, fiquei atônito ao ouvir o grande Maurice Evans (considerado por muitos críticos como o maior ator shakespeariano da época) con fessar nervosismo a uma grande platéia de pais e alunos que se formavam na Academia Americana de Arte Dramática. Eu estava lá porque meu filho Lyle se formou naquela classe.

O Sr. Evans foi o orador principal da solenidade. Após dizer algumas palavras, ele gaguejou, obviamente embaraçado, e disse:

— Estou apavorado. Eu não sabia que ia ter que falar para uma platéia tão grande e tão importante. Planejei dizer umas coisas que achei que seriam apropriadas, mas esqueci tudo.

A platéia amou Maurice Evans por causa disso. Admitindo abertamente que estava aterrorizado, ele pareceu quebrar a tensão. Depois recuperou o autocontrole, continuou e emocionou a todos, jovens e velhos, falando palavras extraídas diretamente do seu coração.

Durante a guerra, ouvi um oficial da Marinha falar num almoço destinado à campanha de venda de bônus, no Hotel Bellevue-Stratford, Filadélfia. Ali estava um homem que se distinguira por atos de bravura nas ilhas Salomão, no Pacífico. A platéia previa um discurso cheio de experiências de gelar o sangue nas veias e aventuras. Quando ele se levantou, tirou uns papéis do bolso e, para o desalento de todos, pôs-se a ler sua fala. Estava extremamente nervoso, mas procurava ocultar o nervosismo da platéia. Sua mão tremia tanto que lia com dificuldade. De repente, sua voz sumiu por completo. E aí, contrafeito mas com sincera humildade, ele disse:

— Estou muito mais assustado agora, diante dos senhores, do que quando enfrentei os japoneses em Guadalcanal.

Depois desta confissão sincera ele ignorou completamente suas anotações e começou a falar com confiança e entusiasmo. Mostrou-se cem vezes mais interessante e efetivo falando de improviso do que lendo o que preparara.

Este oficial descobriu o que Maurice Evans, eu e tantos e tantos milhares de outras pessoas descobriram: que quando se está numa situação difícil, morrendo de medo, o melhor é admitir!

Escrevi um artigo a este respeito, em 1944, para uma revista chamada *Your Life*. Pouco depois da publicação fiquei emocionado por receber a seguinte carta:

Um Ponto Qualquer no Pacífico
11 de setembro de 1944

Caro Frank Bettger

Acabei de ler e meditar sobre um artigo de sua autoria, publicado na edição de setembro da revista *Your Life*. O título era "Quando Estiver com Medo, Admita-o!" e tenho pensado em como este é um bom conselho, especialmente aqui, para um soldado numa área de combate.

Tive, naturalmente, experiências similares a que o senhor relata. Discursos e palestras em ginásios e universidades; conferências com patrões e chefes, antes e depois de arranjar um emprego; a primeira conversa séria com uma certa jovem. Todas essas coisas me deixaram bastante apavorado.

Bem, talvez você esteja querendo saber por que estou escrevendo, daqui, para apoiar seu artigo, já que certamente não estou fazendo palestras em público nem procurando emprego. Não, não estou sujeito a provações desta ordem, mas acredite-me que sei o que é o medo e como afeta uma pessoa. E também nós descobrimos que o seu conselho, "Admita-o!", é absolutamente certo e apropriado aqui, quando se está enfrentando um ataque japonês.

Já foi provado, muitas e muitas vezes, que os homens que não admitem que estão com medo são os que não agüentam a dureza da batalha. Admitir que se sente medo, que se está sentindo muito medo mesmo, sem tentar ocultá-lo, na maioria dos casos é o caminho certo para vencê-lo.

E, agora, obrigado por ter escrito aquele artigo. Espero sinceramente que os estudantes e trabalhadores que tiverem a oportunidade de fazer uso do seu conselho o façam.

Sinceramente,
Charles Thompson

16143837 Co. C.
382 Infantaria, Exército dos EUA
A.P.O. 96, a/c Agente dos Correios, San Francisco, Calif.

Esta carta, vinda da linha de fogo, certamente foi escrita sob circunstâncias as mais adversas e, no entanto, há gente, provavelmente agora, lendo este capítulo, que já tremeu muito diante da porta do escritório de um sujeito importante, tentando encontrar coragem suficiente para entrar. Você é uma dessas pessoas? Lembre-se que é um grande elogio para um homem saber que você está assustado por encontrar-se em sua presença.

Relembrando o passado, vejo, agora, como fui tolo, quantas vezes perdi boas oportunidades por ter medo de falar com gente importante. A entrevista com Archie Hughes foi um passo decisivo na minha carreira de vendedor. Eu temia ir vê-lo e fiquei aterrorizado quando entrei na sua sala. Se eu não tivesse admitido que estava assustado, teria saído dali escorraçado! Esta experiência me ajudou a entrar num segmento de maior renda. Demonstrou que aquele homem, na verdade, era uma pessoa simples, e que era passível de ser abordado, mesmo que importante. Na verdade, suas qualidades eram parte da razão pela qual era rico e importante.

Não há desdouro em admitir que se está com medo, e sim em falhar sem tentar. Assim, se estiver falando com uma pessoa, ou se dirigindo a mil delas ao mesmo tempo, e se esse estranho demônio chamado medo — inimigo público número um — subitamente assaltá-lo, e você ficar assustado demais para continuar falando, lembre-se desta regra tão simples:

QUANDO ESTIVER COM MEDO, ADMITA.

SUMÁRIO

PARTE QUATRO

LEMBRETES

1. "Se quiser conquistar um homem para sua causa", disse Abraham Lincoln, "primeiro convença-o de que é seu amigo sincero."

2. Se quiser ser bem-vindo em toda parte, dirija a todas as pessoas que encontrar um sorriso, mas que seja um sorriso absolutamente sincero, vindo do fundo do coração.

3. Você terá menos dificuldade de se lembrar de nomes e rostos quando se lembrar de três coisas:
   a. *Impressão*: obtenha uma impressão clara do nome e do rosto da outra pessoa.

b. *Repetição*: repita o nome da outra pessoa a intervalos curtos.

c. *Associação*: associe o nome a uma imagem; se possível, inclua o trabalho da pessoa.

4. Seja breve. Dificilmente o vendedor poderá *saber* demais, mas facilmente poderá *falar* demais. Harry Erlicher, o vice-presidente da General Electric, disse: "Num recente encontro de agentes de compras fizemos uma votação para determinar qual seria a maior razão pela qual os vendedores *perdem* negócios. É muito significativo que o resultado, na proporção de três para um, tenha sido *falar demais*.

5. Se tiver medo de se aproximar de um homem importante, transforme esta desvantagem num trunfo! Vá ver o tal sujeito e *admita* que está com medo. Você lhe faz um grande elogio quando diz que está assustado por se encontrar na sua presença. E se você tiver uma idéia que ele possa usar, ele *ajudará* você a realizar a venda.

PARTE CINCO

Passos Importantes na Venda

25 A VENDA ANTES DA VENDA

UMA VEZ, de pé no convés de um navio, observando-o atracar em Miami, na Flórida, vi uma coisa que me ensinou uma lição importante a respeito de abordar um possível cliente. Naquela ocasião eu não podia estar mais longe de pensar em vendas. Estava de férias.

Quando o navio se aproximou do atracadouro, um membro da tripulação atirou algo que parecia uma bola de beisebol onde fora amarrada uma corda fina. Um auxiliar, de pé, no cais, esticou os braços bem separados um do outro. A bola passou por cima da sua cabeça, permitindo que a corda caísse sobre um dos seus braços. Enquanto ele puxava a linha aos poucos, notei que ia arrastando, também, uma corda muito mais grossa por cima da água e para cima da ponte de atracação. Em pouco tempo, foi capaz de enrolar a corda grossa num poste de ferro vertical, o poste de amarração. Gradualmente, o navio foi posto ao longo do molhe e amarrado.

Perguntei ao capitão a explicação daquilo. Ele disse:

— A corda fina é chamada de corda de lançamento, a bola nela amarrada é a que possibilita o lançamento e aquela corda grossa é o cabo de atracação. Seria impossível lançar o cabo de atracação longe o bastante da amurada do navio para fazer conexão com o atracadouro.

Foi naquele instante que comecei a ver por que vinha perdendo tantos possíveis clientes com a minha abordagem. Eu tentava atirar o cabo de atracação logo de uma vez. Por exemplo, ainda uns poucos dias antes, um empresário, dono de uma indústria de panificação, ameaçara me jogar para fora da plataforma de entregas da sua fábrica. Eu aparecera sem marcar entrevista e começara a minha conversa de vendedor antes mesmo que ele tivesse entendido quem eu era, a quem representava ou o que queria. Não é de admirar que tivesse sido tão descortês. Simplesmente retribuíra o tratamento que eu lhe dera. Eu só não sabia como pudera ter sido tão burro!

Depois que voltei para casa daquelas férias, comecei a ler tudo o que consegui encontrar sobre "A Abordagem". Interroguei vendedores mais velhos e mais experientes e fiquei surpreso ao ver alguns deles afirmarem que *a abordagem é o passo mais difícil da venda*!

Comecei a entender por que ficava tão nervoso e freqüentemente andava de um lado para o outro diante da porta de um escritório, antes de entrar para ver alguém. É porque não sabia como fazer a abordagem! Tinha medo de ser mandado embora sem ter tido a oportunidade para contar a minha história.

Agora, onde é que você acha que consegui alguns dos melhores conselhos sobre a abordagem? Não foi com os vendedores, de jeito nenhum. O que consegui foi perguntando aos próprios clientes em perspectiva. Aqui estão duas coisas que aprendi e que me foram muito úteis:

1. As pessoas não gostam de vendedores que as mantêm em suspense sobre quem são, a quem representam e o que querem. Ficam violentamente ressentidas se o vendedor usa de subterfúgios, tenta camuflar seus objetivos ou dá uma falsa impressão da natureza do seu negócio ou do objetivo da sua visita. E admiram o vendedor que é natural, sincero e honesto em sua abordagem e que vai direto ao ponto acerca do objetivo da sua visita.

2. Se o vendedor aparece sem ter marcado entrevista, gostam que ele pergunte se será conveniente falar naquela hora, em vez de iniciar de pronto um discurso de vendedor.

Anos depois, ouvi um amigo meu, Richard (Dick) Borden, da cidade de Nova York, um dos maiores especialistas em vendas do país, dizer a vendedores: "De pouco adianta enunciar o discurso de vendas sem que o possível cliente não esteja convencido da importância de ouvir o vendedor. Assim, usem os primeiros dez segundos de cada visita para garantir o tempo de que precisam para contar sua história completa. Vendam a *entrevista*, antes de tentar vender o produto."

Se por acaso eu tiver um encontro com alguém sem ser marcado antecipadamente, digo apenas:

— Sr. Wilson, meu nome é Bettger, Frank Bettger, da companhia de seguros Fidelity Mutual. Seu amigo, Vic Ridenour, me pediu para procurar o senhor quando estivesse nas vizinhanças do seu escritório. Pode falar por alguns minutos agora ou prefere que eu volte outra hora?

Geralmente a pessoa diz:

— Vá em frente. — Ou: — Sobre o que você quer falar?

— O senhor! — é a minha resposta.

— O quê, a meu respeito? — ele geralmente pergunta.

É aqui o momento crítico da abordagem. Se você não estiver preparado para responder imediata e satisfatoriamente a esta pergunta, é melhor não fazer visita alguma!

Se você sinalizar que quer vender algo que lhe custará dinheiro, está virtualmente dizendo que tenciona aumentar os problemas daquela pessoa que já está preocupada em saber como pagará todas as contas que se empilham em sua gaveta e em como conseguirá conter suas despesas. Mas, se você discutir algum problema vital entre os diversos que ela tem, saiba que ela estará ansiosa para conversar com a mente aberta sobre qualquer idéia que possa ajudar na solução desse problema. A dona-de-casa não tem tempo para falar com o vendedor sobre comprar uma nova geladeira, mas está preocupada com o alto preço da carne, da manteiga, dos ovos e do leite. Está vitalmente interessada em saber como cortar o desperdício e reduzir os gastos com alimentos. Um rapaz muito atarefado não se interessa em integrar a Câmara Júnior de Comércio, mas está tremendamente interessado em fazer mais amigos, ser mais bem conhecido, ser mais bem considerado em sua comunidade e na possibilidade de aumentar sua renda.

Às vezes, uma abordagem bem-sucedida é feita sem nenhuma "conversa específica". Eis aqui alguns exemplos: recentemente, em minha casa, certa noite, um amigo pessoal, há muito tempo associado a importante grupo manufatureiro, me contou a seguinte história:

— Era a minha primeira viagem como vendedor fora de Filadélfia. Nunca tinha ido a Nova York. A última parada, antes de chegar à grande cidade, foi Newark. Quando entrei na loja do meu possível cliente, ele estava ocupado com um freguês. Sua filhinha de cinco anos brincava por perto. Era uma coisinha muito meiga e fizemos amizade imediatamente. Coloquei-a no cangote e andamos por ali, à volta das pilhas de mercadorias. Quando o pai da garotinha ficou livre e eu me apresentei, ele comentou: "Não compramos nada de sua companhia há muito tempo." Eu não tinha falado em negócios com ele. A única pessoa com quem falei foi a sua filhinha. Ele acrescentou: "Estou vendo que você gostou da minha filha. Quer voltar, hoje, para a festa de aniversário dela? Moramos aqui mesmo, no segundo andar."

"Segui adiante, para minha primeira olhada em Nova York, e foi só isso mesmo: uma olhada. Depois de me hospedar no velho Seville, e me refrescar, voltei para Newark e a festa. Cada minuto daquela noite foi maravilhoso. Fiquei até meia-noite. Na hora de partir, tive uma grande satisfação ao receber o maior pedido que aquele cliente jamais fizera à nossa casa. Não tentei vender nada. Foi só por destinar um pouco do meu tempo e ser agradável com a garotinha que desenvolvi uma abordagem que nunca deixa de dar certo.

Este vendedor é demasiado modesto para permitir que eu use seu nome, mas seguiu em frente na sua carreira e tornou-se gerente de vendas, depois gerente-geral e, finalmente, presidente de sua companhia, uma empresa que vem mostrando seu valor há mais de cem anos.

— Em meus vinte e cinco anos de vendas — disse-me ele —, acho que a melhor abordagem é a de, primeiro, descobrir qual o *hobby* do possível cliente e, depois, falar sobre esse *hobby*.

Nem sempre se tem uma garotinha para brincar ou um *hobby* a respeito do qual falar, mas sempre há um jeito de ser amistoso. Eu estava almoçando, recentemente, com outro amigo pessoal, Lester H. Shingle, um dos vendedores mais competentes que já conheci e presidente da Companhia de Couros Shingle, de Camden, Nova Jersey. Ele disse:

— Há muitos anos, quando era um jovem vendedor, costumava visitar um grande industrial do estado de Nova York, mas nunca consegui lhe vender nada. Um dia, quando entrei em seu escritório, ele, que era mais velho do que eu, deu-me a impressão de estar aborrecido e disse: "Desculpe, mas não posso lhe dar nem um pouco de atenção hoje. Estou saindo para almoçar." Percebendo que uma abordagem diferente era necessária, logo falei: "O senhor se incomoda se eu o levar para almoçar, Sr. Pitts?" Ele pareceu um tanto surpreso, mas aceitou: "Claro que não, venha comigo."

"Não falei uma única palavra sobre negócios enquanto almoçávamos. Depois que voltamos para o seu escritório, ele me fez um pedido pequeno. Foi o primeiro pedido que recebi, mas representou o início de uma boa série de negócios que prosseguiu por muitos anos.

Em maio de 1945, fui a Enid, Oklahoma. Durante minha estada lá, ouvi falar de um vendedor de calçados chamado Dean Niemeyer, que acabara de estabelecer o que deve ter sido um recorde mundial, vendedo 105 pares de sapatos em um único dia. Cada venda foi uma venda separada, individual, feita a um total de 87 mulheres e crianças. Ali estava um homem com quem eu fazia questão de conversar, de modo que fui até a loja onde ele trabalhava e perguntei-lhe como tinha conseguido vender tanto. Ele garantiu:

— Tudo está na abordagem. Perde-se ou não a freguesa dependendo da abordagem que se faz.

Eu estava ansioso por ver, exatamente, o que ele queria dizer, de modo que resolvi observá-lo atuando parte daquela manhã. O fato é que realmente ele fazia com que a pessoa se sentisse à vontade. Saía ao seu encontro na porta de entrada com um sorriso sincero e caloroso. Com o jeito natural, calmo e solícito de Dean, a freguesa se sentia feliz por ter entrado naquela loja. *Ela havia comprado antes de se sentar.*

Estes três homens simplesmente aplicaram, em sua abordagem, o primeiro e provavelmente o mais importante passo na venda de qualquer coisa: *"Venda" a si próprio em primeiro lugar!*

Descobri que o que faço na abordagem geralmente determina como o possível cliente virá a me encarar: ou como "anotador de pedidos" ou "orientador". Se a abordagem é correta, quando faço a minha apresentação de vendas, eu domino a entrevista. Se falho na abordagem, acontece o contrário.

Vou fechar este capítulo com a conversa que uso na abordagem, uma técnica desenvolvida durante muitos anos e que se tornou de valor incalculável para mim. O leitor fará as necessárias adaptações para que possa usá-la no seu ramo de vendas.

EU: Sr. Kothe, não posso dizer pela cor dos seus olhos, ou do seu cabelo, qual é a sua situação, da mesma forma que um médico não poderia diagnosticar minha condição, se eu entrasse no seu consultório, me sentasse e me recusasse a falar. Aí o médico não poderia me ajudar muito, poderia?

SR. KOTHE (*geralmente com um sorriso*): Não, não poderia.

EU: Bem, é isto o que acontece comigo, a menos que o senhor esteja disposto a confiar em mim. Em outras palavras, a fim de que possa mostrar-lhe algo que no futuro poderá ser de grande valor para o senhor, incomoda-se em responder a algumas perguntas?

SR. KOTHE: Vá em frente. Quais são?

EU: Agora, se eu lhe fizer alguma pergunta que o senhor não queira responder, não há problema algum. Não estará me ofendendo. Eu compreendo. Mas, se alguém vier a saber alguma coisa que o senhor me disser, será porque o senhor contou, e não eu. Tudo o que for dito aqui é estritamente confidencial.

O QUESTIONÁRIO

Já vi que dou seqüência a essa etapa com muito mais facilidade, se esperar que o possível cliente esteja respondendo à primeira pergunta para, então, retirar o questionário do bolso, o que faço olhando diretamente para ele e o ouvindo com grande interesse. Esse questionário foi sendo montado por mim durante longo tempo. É curto, mas me dá um quadro completo da situação do cliente em perspectiva, e também me diz alguma coisa acerca de seus planos imediatos e objetivos futuros. Faço as perguntas o mais rápido possível. E me toma cinco ou dez minutos, dependendo do quanto a outra pessoa fale.

Aqui estão algumas das perguntas íntimas que não hesito em fazer:

Qual a renda mensal mínima que a sua mulher precisaria no caso de sua morte?
Qual a renda mensal mínima que vai precisar aos 65 anos de idade?
Qual é o valor atual do seu patrimônio?
Ações, títulos, outros seguros?
Patrimônio imobiliário? (hipotecas)
Dinheiro disponível?
Quanto ganha por ano?
Seu seguro de vida?
Qual a sua despesa anual com seguros?

Você não precisa ter medo de fazer o mesmo tipo de perguntas íntimas, caso sejam aplicáveis ao seu ramo, se preparar seu possível cliente para elas com uma abordagem similar à que expus acima.

Ponho o papel de volta no bolso do mesmo jeito que tirei. Minha última pergunta é (com um sorriso):

— O que é que o senhor faz quando não está trabalhando, Sr. Kothe? Em outras palavras, tem um *hobby*?

A resposta a esta pergunta, freqüentemente, se torna valiosa para mim tempos depois. Enquanto o cliente está respondendo, coloco o questionário de volta no bolso. Nunca o mostro na primeira entrevista. Sua curiosidade crescerá de tal forma que minhas chances para uma segunda entrevista aumentarão. Depois que tiver completado as informações, dou o fora o mais cedo que consigo. Digo:

— Muito obrigado pela sua confiança, Sr. Kothe. Vou pensar um bocado nisto tudo. Acho que tenho uma idéia que poderá ser valiosa para o senhor, mas depois que a aperfeiçoar telefonarei para um segundo encontro. Acha conveniente assim?

A resposta, geralmente, é afirmativa.

Dependendo de como acho que as coisas estão indo, decido, então, se devo marcar, naquele instante, a segunda entrevista para uma outra data, digamos, na semana seguinte.

IMPORTANTE — Esses questionários devem ser mantidos em arquivo, exatamente como um médico guarda um registro completo de seus pacientes. As fichas proporcionarão a você informações sobre o seu cliente que progredirão juntamente com o sucesso dele. Descobri que, quando as pessoas vão progredindo, anseiam para falar com você sobre o seu progresso. Sabem, quando há interesse sincero de sua parte, que você é uma pessoa com quem se pode discutir os problemas que tiveram, e que compartilha o sucesso e a felicidade com eles.

Não creio que essa conversa de abordagem deva ser memorizada. Estou firmemente convencido, todavia, de que deva ser escrita e lida diversas vezes por dia. Aí, então, de repente, você a saberá de cor. Se aprender assim, nunca soará falsa. Experimente com sua mulher. Ensaie muitas vezes, até que a saiba tão bem que ela faça parte de você.

RESUMO

1. Não tente jogar de imediato o "cabo de atracação". Atire, antes, a "corda de lançamento".

2. A abordagem deve ter apenas um único objetivo: "vender" a entrevista de vendas. Não o seu produto, mas a sua entrevista. *É a venda antes da venda.*

26 O SEGREDO DE MARCAR ENTREVISTAS

HÁ 31 ANOS que vou ao mesmo barbeiro, todas as semanas. É um italiano baixinho chamado Ruby Day. Ele começou como aprendiz de um tio, aos nove anos de idade. Era tão pequeno que tinha de subir num banco. Os fregueses de Ruby o consideram como um dos melhores barbeiros do mundo. Além disso, ele é um raio de sol.

A despeito de tais qualidades, por volta de 1927 Ruby estava descendo a ladeira depressa. O negócio ia tão mal que a sua situação financeira era péssima. Ficou quatro meses sem poder pagar o aluguel e o dono do imóvel onde ficava sua pequena barbearia ameaçou-o de despejo.

Uma tarde de sexta-feira, enquanto cortava meu cabelo, achei que ele parecia doente. Perguntei o que havia de errado. E, finalmente, me confessou a situação terrível em que se encontrava. Para culminar, sua mulher acabara de dar à luz mais um filho, Ruby, Jr.

Enquanto estávamos conversando, outro freguês entrou e quis saber quanto tempo ia demorar. Ruby assegurou-lhe que não ia demorar muito, de modo que, relutante, o homem se sentou e começou a ler uma revista.

Perguntei:

— Ruby, por que você não trabalha com hora marcada?

— Oh, Sr. Bettger — respondeu ele —, não posso trabalhar com hora marcada; ninguém vai querer marcar hora com um barbeiro.

— Por que não? — eu quis saber.

— Está muito bem para médicos ou advogados. Mas ninguém vai marcar hora com um barbeiro.

— Não sei por que não — insisti. — Eu pensava a mesma coisa em relação ao meu trabalho, até que outro vendedor me convenceu que era o único modo de trabalhar.

"Seus fregueses gostam do seu trabalho, Ruby, e gostam de você também, mas não gostam de esperar. Aposto como o amigo aqui ficaria satisfeito se tivesse uma hora marcada com você toda a semana, não ficaria?

— Claro que sim! — concordou o freguês, entusiasmado.

Ele e Ruby rapidamente combinaram dia e hora todas as semanas.

— Aí está — falei, também entusiasmado. — Agora reserve para mim as oito horas de todas as sextas-feiras.

No dia seguinte, Ruby tinha organizado uma agenda e passou a telefonar para todos os seus antigos fregueses, muitos dos quais não apareciam há meses na barbearia. Aos poucos, conseguiu encher por completo a agenda e suas preocupações financeiras passaram a ser coisa do passado. Há trinta anos que trabalha exclusivamente com hora marcada. Treinou seus clientes a esperar esse tipo de coisa. Eles preferem assim, porque lhes economiza tempo. Hoje R. B. (Ruby) Day já pagou *inteiramente* sua bela casa no número 919 da Fox Chase Road, em Hollywood, Pensilvânia. E tudo indica ser um homem de bem com a vida e feliz.

Contei esta história, certa noite, num curso de vendas que demos em Pasadena, Califórnia. Havia um motorista de táxi na turma. No final da semana, ele foi nos procurar nos bastidores e disse:

— Agora, sou um homem de negócios — perguntamos o que queria dizer com isso. — Bem — respondeu ele —, depois que ouvi o que foi dito aqui na terça-feira, achei que, se um barbeiro podia marcar hora, eu também podia tentar. Na manhã seguinte, levei o presidente de uma grande companhia a Glendale, para pegar o trem. No trajeto, perguntei quanto tempo ia passar fora. Ele me disse que voltaria naquela noite mesmo e concordou em me deixar esperá-lo para levá-lo em casa. De noite, pareceu ficar satisfeito comigo e me deu uma boa gorjeta. Descobri que fazia aquela viagem todas as semanas e que, às vezes, era difícil achar um táxi. Assim marquei dia e hora para fazer o mesmo serviço todas as semanas. Além disso, ele me deu nomes de outros executivos de sua companhia, sugerindo que eu entrasse em contato com eles e oferecesse meus serviços. Foi o que fiz, sem esquecer de informar que estava ligando por sugestão do presidente deles. Com esses telefonemas, arranjei dois serviços para a manhã seguinte. Hoje, comprei uma agenda e vou organizar uma lista de fregueses regulares, como fez o seu barbeiro. Agora, sinto que sou um homem de negócios!

Fiz a mesma sugestão ao meu camiseiro. Logo, muitos dos seus fregueses só iam procurá-lo com a certeza de uma hora marcada.

Essas pessoas descobriram o que eu e milhares de outras pessoas, em quase todos os ramos de negócios, descobrimos — as pessoas *preferem* trabalhar com hora marcada!

143

1. Economiza tempo, ajuda a eliminar um bocado da perda de tempo com que a maioria dos vendedores tanto se preocupa. Da mesma forma, economiza o tempo do cliente.
2. Pedindo que marque hora, fazemos com que o cliente saiba que percebemos que se trata de uma pessoa atarefada. Instintivamente, ele valoriza mais o nosso tempo. Quando marco hora, sei que sou mais bem ouvido e quem me ouve tem mais respeito pelo que digo.
3. Marcar hora faz de cada visita um evento. A entrevista permite que o vendedor suba bastante acima da categoria dos mascates.

Meu antigo companheiro no beisebol, Miller Huggins, era famoso no esporte pela constância com que marcava pontos. Ocupando as primeiras bases com tanta freqüência, naturalmente sua média de pontos era maior do que a da maioria dos outros jogadores. Descobri que em vendas a coisa é parecida: marcar entrevistas é como ocupar uma base. O alicerce das vendas repousa em conseguir entrevistas, e o segredo de conseguir entrevistas boas e atenciosas é marcar hora. E conseguir marcar hora é mais fácil do que vender rádios, aspiradores de pó ou seguros. Depois que organizei isso em minha cabeça, senti um grande alívio. Parei de tentar percorrer o circuito das bases. Limitei-me a querer chegar na primeira base!

Quando telefono para alguém que conheço, simplesmente peço que marque hora para mim, o que em geral consigo sem ser questionado. Mas se é uma pessoa que não conheço, invariavelmente pergunta: "Para que você me deseja ver?"

Aí está o momento crítico da abordagem. Com toda a certeza, assim que eu der uma indicação de que estou querendo vender alguma coisa, estarei liquidado de pronto, e as chances de conseguir marcar hora mais tarde, arruinadas. A verdade é que posso não saber se ele precisa daquilo que estou vendendo. Assim, o objetivo de marcar hora é meramente para uma conversa. No entanto, até o dia de hoje, tenho que me cuidar para não ser arrastado a uma conversa de vendas ao telefone. Preciso me concentrar em uma só coisa: *conseguir marcar hora.*

Permitam-me dar um exemplo típico: noutro dia, consegui falar ao telefone com um homem que tem viajado a negócios, de avião, uma média de mais de quinze mil quilômetros por mês. Aqui está nossa conversa:

EU: Sr. Aley, meu nome é Bettger, Frank Bettger, amigo de Richard Flicker. O senhor se lembra do Dick, não lembra?

ALEY: Sim, me lembro.

EU: Sr. Aley, sou um corretor de seguros de vida. Dick sugeriu que eu devia conhecê-lo. Sei que é uma pessoa ocupada, mas gostaria de saber se poderá me conceder cinco minutos um dia qualquer desta semana.

ALEY: Por que está querendo me ver? Para vender seguros? Acabei de aumentar o valor da minha apólice há poucas semanas.

EU: Tudo bem, Sr. Aley. Se eu tentar lhe vender alguma coisa, a culpa será sua, e não minha. Posso vê-lo por alguns minutos amanhã de manhã, digamos, lá pelas nove horas?

ALEY: Tenho um encontro às nove e meia.

EU: Se demorar mais de cinco minutos, mais uma vez a culpa será sua, e não minha.

ALEY: Está bem, então. É melhor vir às nove e quinze.

EU: Muito obrigado, Sr. Aley. Estarei aí.

Na manhã seguinte, apertei a mão dele no seu escritório, peguei o relógio e disse:

— O senhor tem outro encontro às nove e meia, de modo que vou me limitar a exatos cinco minutos.

Fiz as minhas perguntas o mais depressa que pude. Quando meu tempo esgotou-se, falei:

— Bem, meus cinco minutos acabaram. Há, por acaso, alguma coisa que o senhor queira me dizer, Sr. Aley?

E, nos dez minutos seguintes, o Sr. Aley me disse tudo o que eu realmente queria saber sobre ele.

Já houve casos de eu ter sido detido por uma hora, além dos meus cinco minutos, com as pessoas falando-me sobre si mesmas, mas nunca a culpa é minha, sempre delas!

Conheço muitos vendedores bem-sucedidos que não trabalham com hora marcada quando se trata dos seus clientes habituais, mas, ao interrogá-los, me explicam que fazem suas visitas a esses clientes sempre nos mesmos dias e, mais ainda, geralmente à mesma hora. Em outras palavras, são *esperados*.

"Eles não virão a este escritório." Havia um cartaz na parede do nosso escritório com estas palavras em letras bem grandes. Referia-se aos clientes. Sempre acreditei nisso, até que ouvi Harry Wright, um dinâmico vendedor de Chicago, falar em uma reunião numa noite. Harry descobriu as vantagens de acontecer o contrário.

— Fecho sessenta e cinco por cento dos meus negócios no meu próprio escritório — disse ele.

145

— Sempre sugiro uma reunião na minha sala, explicando que não haverá interrupções e que poderemos fechar o negócio mais rápida e satisfatoriamente.

A princípio eu tive medo. Mas fiquei espantado ao ver que muita gente preferia assim. Quando vão ao meu escritório, não permito interrupções. Se meu telefone toca, respondo algo assim:

— Oh, alô, Vernon. Você vai sair agora? Não? Posso telefonar dentro de vinte minutos? Estou com uma pessoa aqui e não quero atrasá-la. Obrigado, Vernon. Já ligo para você.

Desligo o telefone e, então, peço à telefonista para segurar todos os telefonemas enquanto o Sr. Thomas estiver comigo. Isso nunca deixa de fazer com que meu cliente se sinta feliz.

Antes que vá embora, se não estiver com muita pressa, faço questão de apresentá-lo, no escritório, às pessoas que ajudaram a atendê-lo, ou que o ajudarão, caso ele se torne um cliente.

Conheço muitos vendedores que acham que uma oportunidade assim é excelente para levar os clientes a conhecerem seus escritórios, oficinas ou fábricas, e lhes mostrar como seus produtos são fabricados.

HOMENS DIFÍCEIS DE SEREM CONTATADOS

A prática melhora a técnica de qualquer pessoa neste campo. Claro que sempre há alguns homens que são muito difíceis de serem contatados. Descobri, no entanto, que são os *melhores* clientes em potencial, se consigo falar com eles. Desde que eu seja cortês, estou certo de que não se ressentem com a minha persistência. Aqui estão algumas perguntas que uso e idéias que me ajudaram:

1. "Sr. Brown, há uma hora melhor para vê-lo, de manhã cedo ou no fim da tarde?"
   "O que é que o senhor prefere, no início ou no fim da semana?"
   "Posso vê-lo hoje à noite?"
2. "A que horas almoça? Vamos almoçar juntos um dia desses? Quer almoçar comigo amanhã, na Associação Comercial, digamos, ao meio-dia ou meio-dia e meia?"
3. Se a pessoa estiver sem tempo, mas for sincera a respeito de querer me ver, às vezes pergunto: "Está de carro hoje?" Se ele não foi trabalhar no seu automóvel, ofereço-me para levá-lo, dizendo: "Teremos assim um pouco de tempo para conversar."

Depois de fazer algum esforço razoável, se percebo que a outra pessoa não está mesmo a fim de cooperar, me esqueço dela.

Alguns dos melhores contatos que já fiz foram com homens que tinham sido extremamente difíceis de contatar. Para ilustrar: deram-me o nome de um empreiteiro em Filadélfia. Depois de telefonar duas vezes, descobri que ele raramente ia ao escritório, exceto entre as sete e sete e meia da manhã.

No dia seguinte cheguei à sua empresa às sete. Era o auge do inverno, e escuro como breu. Ele estava dando uma olhada numas cartas em cima da sua mesa. De repente, pegou uma valise grande e passou direto por mim. Segui-o até seu carro. Quando abriu a mala do automóvel, olhou para mim e disse:

— Sobre o que você queria falar comigo?

— Sobre o senhor.

— Não posso perder tempo esta manhã para falar com ninguém.

— Posso perguntar para onde o senhor está indo?

— Collingswood, Nova Jersey — foi sua resposta.

— Deixe-me levá-lo no meu carro — sugeri.

— Não! Tenho um monte de coisas no automóvel de que vou precisar.

— Incomoda-se então que eu vá ao seu lado? — perguntei. — Podemos conversar no caminho. Assim poupará o seu tempo.

— E como é que você vai voltar? Estarei seguindo depois para Wilmington, Delaware.

— Deixe que eu me preocupe com a minha volta; não tem problema nenhum — assegurei.

— Vamos, entre — convidou ele, com um sorriso.

A esta altura, não sabia qual era o meu nome nem o que eu queria falar. Mas deixei-o em Wilmington e, depois, voltei para Filadélfia com um pedido assinado.

Tenho viajado de trem para Baltimore, Washington e Nova York com homens com os quais, provavelmente, eu não teria sido capaz de marcar uma entrevista segura de outro modo.

COISAS IMPORTANTES QUE APRENDI A RESPEITO DO USO
DO TELEFONE

Com o tempo, fui adquirindo o hábito de carregar sempre um bocado de níqueis no bolso, para poder usar telefones públicos onde quer que estivesse. Na verdade, muitas vezes saí da minha sala e entrei numa cabine telefônica na esquina, simplesmente porque havia muitas interrupções no meu escritório.

Depois que destinei as manhãs das sextas-feiras ao meu planejamento, comecei a usar grande parte do meu tempo para telefonar às pessoas a quem eu queria ver na semana seguinte. É espantoso como às vezes conseguia marcar hora para uma grande parte do meu itinerário daquela semana.

Precisei de muito tempo para aprender a não ter medo de deixar recado para um cliente, ou mesmo um cliente em perspectiva, pedindo que me ligasse de volta. Depois de telefonar para esse cliente, diversas vezes, e não conseguir encontrá-lo, ele ficava com a idéia de que o estava procurando por causa de algo que *eu* queria. Descobri que, se deixasse recado, ele ficaria com a impressão de que eu tinha algo que *ele* queria. Algo importante para *ele*.

Depois que vim a reconhecer a importância de primeiro conseguir marcar hora, fui capaz de ter todas as entrevistas que pude realizar.

Repetindo mais uma vez a regra que levei tanto tempo para aprender:

Primeiro, consiga marcar hora para a sua *entrevista*,
Depois, durante a entrevista, venda o seu produto.

27 COMO APRENDI A TAPEAR SECRETÁRIAS E TELEFONISTAS

UM DIA, tive uma aula soberba de como tapear secretárias e telefonistas. Eu estava almoçando com o grupo de sempre, no clube, quando uma das pessoas à mesa, Donald E. Lindsay, presidente da Companhia Fabril Murlin, contou a seguinte história:

— Um vendedor entrou na nossa fábrica hoje de manhã e pediu para falar com o Sr. Lindsay. Minha secretária perguntou se ele tinha hora marcada, e a resposta foi: "Não, não tenho hora marcada, mas estou de posse de uma informação que ele vai querer." Minha secretária perguntou-lhe o nome e quis saber a quem representava. Ele disse o nome, mas só. O resto era assunto pessoal. Ela sugeriu: "Pois bem, eu sou a secretária particular do Sr. Lindsay. Já que se trata de assunto pessoal, talvez eu possa resolver. O Sr. Lindsay está muito ocupado agora." O sujeito insistiu: "Trata-se de um assunto *pessoal*. Acho que seria melhor eu falar diretamente com o Sr. Lindsay a este respeito."

"Nessa hora — explicou-nos Don — eu me encontrava nos fundos da fábrica. Minhas mãos estavam sujas de graxa; eu estivera trabalhando com dois de nossos mecânicos numa máquina que dera problema. Lavei as mãos e fui para o escritório. Não reconheci o tal sujeito, mas ele se apresentou, apertou minha mão e perguntou se podia me ver na minha sala por uns cinco minutos. Perguntei então qual era o assunto, e ele respondeu: 'É um assunto inteiramente pessoal, Sr. Lindsay, mas não vou precisar de mais que cinco minutos.' No meu escritório, o homem disse: 'Sr. Lindsay, desenvolvemos um serviço de levantamento de impostos que pode vir a lhe economizar um bocado de dinheiro. Nada cobramos por este serviço. Só precisamos de algumas informações suas que serão processadas com o mais rigoroso sigilo.'

"Com isto, ele puxou um questionário e começou a me fazer umas perguntas. Falei: 'Espere um pouco. Você está querendo me vender alguma coisa. O que é? A quem você representa?' Ele disse: 'Desculpe, Sr. Lindsay, mas...' Exigi uma resposta: 'Que companhia o senhor representa?' Ele gaguejou: 'A Companhia de Seguros ABC. Eu...'Perdi as estribeiras: *'Dê o fora daqui!* Você entrou aqui usando de subterfúgios. E se não sair depressa, eu mesmo vou atirá-lo porta afora!'

Don Lindsay fora da equipe de luta-livre quando cursou a Universidade da Pensilvânia. Conhecendo Don, como quase todos nós conhecíamos, demos uma gargalhada, porque Don sabia realmente como atirar uma pessoa para fora de qualquer lugar! Ao contar a história, pudemos ver pela sua exaltação que o vendedor fez bem em sair prontamente.

Este vendedor tinha uma excelente aparência e falava bem, segundo Don. Mas vamos analisar rapidamente a sua abordagem:

1. Ele não tinha hora marcada. Pegou o Sr. Lindsay num momento inoportuno, o que geralmente é o caso quando a pessoa não é esperada.
2. Ele disse o nome à secretária, para não responder à pergunta de quem representava. Seu nome nada significava, mas não dizer a quem se representa sempre causa suspeitas.
3. Quando a secretária disse que o Sr. Lindsay estava ocupado, ele deu a entender que não acreditava nela, o que a deixou ressentida.
4. Ele conseguiu entrar mediante um *subterfúgio*. Com isto matou sua chance de um dia voltar àquela fábrica. Embora representasse uma boa companhia, fez com que ficasse extremamente difícil para qualquer dos seus representantes voltar a fazer negócio com a empresa do Sr. Lindsay.

Minha experiência, ao tentar ver possíveis clientes que sejam muito atarefados, me ensinou que se trata mais de uma questão de bom senso que de truques espertos. Muitos vendedores parecem não perceber o quanto a secretária pode ser importante para o chefe. Em muitos casos, ela é o poder atrás do trono. Aprendi que, se quero ver o figurão, o melhor é me colocar nas mãos da secretária dele, que geralmente me conduzirá até o interior do *santum sanctorum.* Afinal, no que diz respeito à distribuição do seu tempo para entrevistas, ela é quem costuma mandar. Quando trabalhamos com a secretária de um homem desses, estamos trabalhando com a sua "mão direita". Minhas tentativas sempre correm melhor quando confio, sou sincero e honesto com ela e demonstro respeito por sua posição.

Para começar, tento descobrir seu nome com outra pessoa qualquer do escritório. Depois, passo sempre a me dirigir chamando-a pelo nome. Escrevo o seu nome numa ficha para não o esquecer.

Telefonando depois, para marcar hora, geralmente digo: "Srta. Mallets, bom dia! Aqui é o Sr. Bettger. Será que poderia arranjar uns vinte minutos na agenda do Sr. Harshaw, para hoje ou um dia qualquer desta semana?"

Sei que muitas secretárias e recepcionistas acham que têm o dever de se livrar de vendedores. Mas não acredito que truques e subterfúgios sejam o melhor modo de se lidar com elas. Um homem astuto, com personalidade dominadora, pode conseguir passar pela secretária sem dizer o objetivo da sua visita. Um vendedor atrevido e convincente pode se dar bem com este método, de vez em quando, mas creio que o melhor jeito de tapear secretárias e telefonistas é nunca tentar!

28 UMA IDÉIA QUE ME AJUDOU A ENTRAR NO TIME DOS COBRAS

UMA COISA QUE sempre me espantou foi ver que muitas das idéias que usei em vendas aprendi no esporte. Mais precisamente, no beisebol. Por exemplo, quando joguei em Greenville, na Carolina do Sul, Tommy Stouch, o supervisor, me disse um dia:

— Frank, se você fosse um bom batedor, os clubes das ligas profissionais andariam atrás de você.

— E há algum modo de aprender? — perguntei.

— Jesse Burkett não era melhor do que você é hoje — declarou Tom. — Mesmo assim, veio a tornar-se um dos maiores batedores do beisebol.

— Como foi que ele conseguiu isso? — perguntei, meio na dúvida.

— Burkett meteu na cabeça que aprenderia a bater — disse Tommy — e, por isso, ia ao estádio todas as manhãs e fazia trezentas rebatidas. Pagava a uns garotos para catar as bolas enquanto um deles as arremessava. Jesse não tentava bater com muita força. Praticava um movimento livre, com um balanço natural, até que sua noção de tempo ficou perfeita.

A história parecia boa demais. Só vendo. Fui dar uma olhada nos registros: somente *dois* jogadores tinham ultrapassado a marca das 400 rebatidas numa temporada. Um foi Lajoie. O outro foi Jesse Burkett!

Fiquei tão animado com a idéia que tentei conseguir que alguns dos outros jogadores me ajudassem com ela, mas me disseram que eu estava louco. Diziam que um sujeito como eu, do Norte, não ia agüentar o sol quente do Sul de manhã e de tarde. Mas meu companheiro de quarto, Ivy (Reds) Wingo, um apanhador de Norcross, Geórgia, disse que gostaria de experimentar. Assim, arranjamos uns garotos, que ficaram felizes com a chance de ganhar uns níqueis e passamos a ir treinar todo dia bem cedo, antes de o sol esquentar demais. Reds e eu batíamos cada um trezentas bolas.

Arranjamos uns calos enormes nas mãos, mas, a não ser por isso, não doeu nem um pouco e nos divertimos um bocado.

Naquele verão eu e Reds fomos vendidos aos Cardinals de St. Louis, da principal liga de beisebol profissional do país.

O que isto tem a ver com vendas? Dez anos depois de largar o beisebol e de já estar vendendo há dois anos, um sulista grandalhão e simpático, chamado Fred Hagen, foi transferido da filial da nossa companhia em Atlanta, na Geórgia, para Filadélfia. Fred tinha personalidade e um sorriso de um milhão de dólares, mas toda a sua experiência de vendas havia sido entre fazendeiros do Sul, de modo que teve que desenvolver novas técnicas. E começou a praticá-las comigo.

Foi a mesma idéia que aprendi no beisebol. Contei a Fred a história de Jesse Burkett, e como eu e "Reds" Wingo atiramos trezentas bolas por dia. Fred entusiasmou-se e insistiu para que eu também treinasse minhas falas com ele. E assim fizemos, um dando suas falas de venda para o outro, até que passamos a conhecê-las de trás para a frente. Gostei tanto da experiência que minha vontade era fazer a mesma coisa com todo mundo que encontrava. O resultado? Comecei a fazer mais visitas. Quando o vendedor passa a fazer menos visitas o motivo freqüentemente é que perdeu o interesse e entusiasmo pela história de vendas que usa.

Um jornalista foi aos bastidores de um teatro, certa noite, para entrevistar John Barrymore, após sua 56.ª representação de Hamlet. O repórter teve que esperar uma hora e meia até acabar o ensaio. Quando o grande ator finalmente apareceu, o repórter disse:

— Sr. Barrymore, estou surpreso por ver que ainda tem que ensaiar após cinqüenta e seis apresentações na Broadway. Ora, o senhor está sendo aclamado como o maior Hamlet de todos os tempos e um gênio do palco!

Barrymore caiu na gargalhada.

— Escute — disse. — Quer saber a verdade? Durante cinco meses, nove horas cada dia, eu li, reli, estudei e recitei esse papel. Achei que nunca fosse entrar na minha cabeça. Por diversas vezes, minha vontade foi desistir. Achava que não conseguiria entrar em cena, e que tinha sido um erro me meter nessa coisa de representar. Sim, há um ano quis *desistir*, e agora estão me chamando de gênio. Não é ridículo?

Essa história me impressionou profundamente quando a li. Por causa dela pedi ao gerente que me permitisse fazer uma demonstração de vendas para a nossa agência. Pela expressão dele, acho que foi a primeira vez que ouviu um pedido desses. Aquilo me punha numa posição difícil, e a solução foi ensaiar, ensaiar e ensaiar. Quanto mais minha fala melhorava, mais energia eu punha nela. Fui me

153

animando mais e mais. Enquanto aperfeiçoava minha exposição, tive uma nova idéia para o fechamento. Pouco depois da apresentação, fechei uma venda vultosa que sei que não teria fechado se não tivesse me esforçado tanto nos ensaios. Todas as vezes que me pediram para dramatizar uma entrevista de vendas diante de qualquer grupo, fui o mais beneficiado — muito mais, provavelmente — que a minha platéia. O orgulho, creio eu, é que me leva a preparar-me e a ensaiar tanto, até que eu tenha certeza de que estou pronto.

Não muito tempo antes de sua morte, Knute Rockne, o famoso técnico de futebol do time da Universidade de Notre Dame, fez uma palestra diante de uma das maiores organizações de vendas do país. É uma das mensagens de vendas mais práticas e inspiradoras que já li. Aqui está sua essência:

> Em Notre Dame, temos um grupo de cerca de trezentos rapazes — tanto veteranos quanto recém-chegados. Eles praticam os fundamentos e praticam e praticam e praticam até que os diversos fundamentos tornam-se tão naturais e inconscientes quanto respirar. Aí, quando chega a hora do jogo, não têm que parar para ver o que vão fazer em seguida, quando não há tempo para pensar. Os mesmos princípios do futebol se aplicam às vendas. Se você quer ser um craque no jogo das vendas, tem que dominar os *fundamentos* — o ABC do seu trabalho — tão firmemente que eles passem a fazer parte de você. Conheça-os tão bem que em qualquer ponto em que um possível cliente afaste-se da trilha que chegaria ao fechamento, você possa pô-lo na trilha de novo, sem que nenhum dos dois perceba, conscientemente, o que aconteceu. Não se pode desenvolver essa perfeição olhando no espelho e cumprimentando sua companhia por ter você como empregado. Você tem que *praticar, praticar* e *praticar!*

Foi por isso que John Barrymore não pensou mais em desistir e conseguiu ser aclamado o maior Hamlet do seu tempo.

Foi isso que alçou Jesse Burkett, da condição de fraco batedor à de um dos maiores imortais do beisebol! Até hoje só três outros jogadores quebraram o recorde de Burkett — Ty Cobb, Rogers Hornsby e Lajoie.

Sim, foi isso que me ajudou a sair da segunda divisão e ascender ao time dos cobras, no beisebol e em vendas.

RESUMO

1. A melhor hora de se preparar uma fala é logo depois de ter feito uma; o mesmo ocorre com o que chamamos de conversa de vendas. Todas as coisas que você devia ter dito, e que não devia, estão frescas na sua cabeça. Escreva-as *imediatamente*!

2. Escreva sua fala palavra por palavra. Insista em aperfeiçoá-la. Leia e releia até que saiba tudo. Mas não decore. Pratique com sua mulher. Se estiver ruim, *ela* lhe dirá. Faça o mesmo com seu gerente. Com outro vendedor. Repita-a até que goste dela.

Knute Rockne disse: *"Pratique... Pratique... Pratique."*

29 COMO DEIXAR O COMPRADOR AJUDAR VOCÊ A FAZER A VENDA

HÁ UM VELHO PROVÉRBIO chinês que diz: "Uma demonstração vale mais do que mil palavras." Uma boa regra, conforme aprendi, é nunca *dizer* nada que possa ser dramatizado. Melhor ainda: nunca dramatize nada você mesmo a não ser que seja impossível levar o cliente a fazê-lo. Deixe por conta do cliente. Faça com que ele entre em ação. Em outras palavras: *Deixe o comprador ajudar você a fazer a venda.*

Vejamos alguns exemplos reais de como a dramatização foi usada para ajudar na concretização da venda:

NÚMERO 1. A General Electric e outras companhias similares vinham há anos tentando convencer as juntas escolares da necessidade de instalar iluminação moderna nas salas de aula. Numerosas conferências foram realizadas... milhares de palavras ditas... Resultados? *Nenhum!* De repente, um vendedor teve a idéia: dramatizar. Pondo-se diante da junta escolar de uma cidade, segurou uma haste de aço sobre a cabeça. Agarrando-a pelas extremidades com ambas as mãos,vergou-a ligeiramente e disse: "Cavalheiros, enverguei esta haste de aço até aqui e ela volta de imediato para sua forma original *(permitindo que a haste voltasse a ficar reta).* No entanto, se eu a envergar além de um determinado ponto, ela ficará danificada e nunca mais voltará à sua forma original *(quando ele envergou a haste além do seu ponto de elasticidade, ela cedeu com um estalo, e perdeu a flexibilidade).* Algo semelhante acontece com os olhos de seus filhos nas salas de aula. Agüentarão até determinado ponto. Além disso, sua visão ficará *permanentemente* prejudicada!"

Resultado? O dinheiro foi levantado. A iluminação moderna foi instalada imediatamente!

NÚMERO 2. Vejamos como uma coisa simples, como um velho palito de fósforo, foi usada com eficiência para dramatizar um dos mais importantes pontos de venda de um refrigerador conhecido nacionalmente. Mantendo um fósforo aceso diante do comprador, o vendedor disse: "Sr. Hootnanny, nosso refrigerador é absolutamente silencioso... tão silencioso quanto este fósforo aceso."

NÚMERO 3. Muitas vezes é necessário submeter números aos clientes. Descobri que é muito mais efetivo quando consigo fazer com que o comprador faça os cálculos, ele próprio. Simplesmente digo algo assim: "Sr. Henze, o senhor poderia ir anotando esses números enquanto vou ditando?"

Acho que com isso consigo mais atenção; prendo o interesse do comprador e ele tende a se distrair menos. Ao mesmo tempo, a idéia passa a ser sua! Ele compreende melhor. Convence-se com seus próprios números. Em outras palavras, entra em ação. Mais tarde, aproximando-se o fechamento, procuro levá-lo a fazer o sumário. Mais uma vez peço: "Sr. Henze, dá para anotar o que vou dizendo?" E aí então repito o sumário em poucas palavras: Número um... dois... três... quatro... É um clímax natural. O próprio comprador está ajudando a fechar a venda!

NÚMERO 4. Uma noite, num curso de vendas que dei em Portland, Oregon, um atacadista de tecidos de lã me viu dramatizar para um "cliente" um novo tipo de escova de dentes. Colocando uma grande lupa na mão dele, dei-lhe duas escovas de dentes, uma do tipo comum, outra do novo e disse: "Agora, olhe com a lupa e veja só a diferença." O atacadista vinha perdendo clientes para os competidores que vendiam um tecido mais barato; ele era incapaz de convencer os fregueses de que boa qualidade era boa economia. Assim, decidiu tentar usar uma lupa de bolso, do mesmo modo como eu usara para dramatizar a diferença das escovas de dente. "Fiquei assombrado", ele me disse mais tarde, "ao ver como os fregueses reconheciam prontamente a diferença."

NÚMERO 5. Um vendedor de roupas da cidade de Nova York me disse que aumentou suas vendas de roupas de homem em 40% quando instalou um cineminha numa vitrina da sua loja. O filme dramatizava um homem malvestido, apresentando-se como candidato a um emprego, e levando um passa-fora. O candidato seguinte, bem-vestido, conseguia o emprego imediatamente. *Boas roupas são um bom investimento*, era como terminava o filme.

NÚMERO 6. Meu amigo, o Dr. Oliver R. Campbell, um dos mais importantes dentistas de Filadélfia, reconhece o valor da drama-

157

tização. Tira radiografias dos dentes dos seus pacientes e as projeta na parede do consultório. O paciente fica ali sentado, vendo um "filme" com seus próprios dentes e gengivas. O Dr. Campbell me disse que ficava esgotado de tanto tentar convencer seus clientes a tratarem dos dentes antes que fosse tarde demais. Depois que começou a dramatizar, tudo ficou mais fácil.

NÚMERO 7. Eis uma demonstração que uso no meu ramo e que dá resultado. Minha intenção, no caso, é a de dramatizar as estatísticas, e descobri que é muito eficaz com homens ricos. Coloco uma caneta preta bem na frente do cliente em perspectiva, uma moeda brilhante de 25 centavos de um lado e outra de 10 centavos do lado oposto. Aí, então, pergunto: "O senhor sabe o que é isso?" A resposta geralmente é: "Não, o que é?" Eu sorrio e digo: "A caneta preta é o *senhor* quando morrer; os 25 centavos representam o que tem agora; os dez centavos são tudo o que restam para sua esposa e filhos quando o inventariante pagar todos os impostos e as demais despesas." Aí, então, acrescento: "Sr. Mehrer, deixe-me fazer uma pergunta. Vamos supor que o senhor saiu de cena no mês passado. O senhor e eu agora somos os inventariantes. Temos que converter três quintos do seu patrimônio em dinheiro para fazer face ao pagamento dos impostos e tudo o mais. Como é que vamos fazer isto?" Faço a pergunta e deixo que *ele* responda!

Muito progresso vem sendo feito nessa questão de dramatização nos últimos anos. É um método absolutamente seguro para vender suas idéias. Você o está aproveitando ao máximo?

RESUMO

"Uma demonstração vale mais que mil palavras." Se possível, deixe que o cliente faça a demonstração. Deixe que o cliente o ajude a fechar a venda.

30 COMO ARRANJO NOVOS CLIENTES E TRANSFORMO OS ANTIGOS EM AJUDANTES ENTUSIASMADOS

UM DIA DESSES, tentei calcular quantos automóveis já comprei até hoje. Fiquei surpreso ao ver que o número soma trinta e três!

Agora, só como curiosidade: quantos vendedores me venderam esses trinta e três carros? Exatamente trinta e três! Não é impressionante? Nem um único desses vendedores tentou, ao que eu saiba, entrar em contato comigo de novo. Estavam muito interessados em mim antes de eu comprar, mas, depois, nunca pegaram o telefone para ver se eu ficara satisfeito e se tudo estava bem. Assim que eu pagava e eles recebiam a sua comissão, pareciam desaparecer de sobre a face da Terra.

O leitor acha que isto é pouco usual? Pois bem, já perguntei a mais de quinze mil pessoas, em platéias espalhadas por todo o país, se alguém tinha tido a mesma experiência que eu, e mais da metade prontamente levantou a mão.

Isto prova que vender automóveis é diferente de outra linha de vendas? O vendedor de automóveis ganha mais se esquecer o cliente com quem fechou um negócio e devotar todo o seu tempo a procurar novos compradores? Eis o lema que uma grande organização de vendas deu a seus vendedores: *Nunca esqueça um cliente; nunca deixe que o cliente se esqueça de você.*

Você adivinhou. Trata-se de uma organização dedicada a vender automóveis. A Chevrolet Motor Company. Adotando isto como lema, atingiu o primeiro lugar em vendas, comparada com todos os outros fabricantes de automóveis no mundo, onde ficou por treze dos últimos quinze anos segundo os números disponíveis.

DEMONSTRE ENTUSIASMO PELA PROPRIEDADE DO SEU CLIENTE

Não tenho dúvida ao afirmar que todos que compram qualquer coisa gostam de cortesia, atenção e serviço. Então, não vamos perder tempo discutindo isso. Sejamos francos, e tratemos da questão de um ponto de vista inteiramente egoísta.

Avaliando minha carreira de vendedor o maior arrependimento que sinto é de não ter dedicado o *dobro* do tempo visitando, estudando e prestando serviços aos meus clientes, atendendo a seus interesses. Estou sendo absolutamente sincero. Seria capaz de retirar centenas de exemplos dos meus arquivos, a fim de provar que, agindo assim, teria tido melhor recompensa financeira com menos tensão nervosa, menor esforço físico e mais felicidade.

Sim, senhor, e se eu tivesse que começar tudo outra vez, adotaria aquele lema, que penduraria na parede atrás da minha mesa: *Nunca esqueça um cliente; nunca deixe que o cliente se esqueça de você.*

Anos atrás, comprei uma casa bastante grande. Gostava imensamente dela, mas seu preço era tão alto que, após fechar o negócio, fiquei me perguntando se não teria cometido um erro. E, assim, comecei a me preocupar. Duas ou três semanas depois da mudança para a casa nova, o corretor me telefonou e disse que gostaria de me ver. Era uma manhã de sábado. Quando ele chegou, eu estava curioso. Muito bem, ele se sentou e me deu os parabéns por ter escolhido aquela propriedade. Depois me contou muitas coisas sobre ela e histórias interessantes sobre a região que a cercava. Mais tarde, levou-me para dar uma volta a pé pelo bairro, mostrando diversas casas bonitas e dizendo quais eram os respectivos proprietários. Alguns eram pessoas bem importantes. Fez-me sentir orgulhoso. Aquele vendedor demonstrou *mais* entusiasmo e amor pela *minha propriedade* do que quando estivera tentando vendê-la para mim!

Sua visita assegurou-me de que eu não havia cometido um erro e me tornou feliz. Senti-me grato a ele. Na verdade, naquela manhã, passei a ter um forte vínculo de afeto por aquele homem. Nosso relacionamento tornou-se mais que de comprador e vendedor. Passamos a ser amigos.

Aquilo lhe custou uma manhã de sábado que ele poderia ter dedicado a visitar um cliente em perspectiva. No entanto, uma semana depois, telefonei para ele e dei-lhe o nome de um amigo que tinha se interessado por comprar uma casa perto da minha. Meu amigo não comprou essa casa, mas, pouco tempo depois, o corretor arranjou uma outra e uma boa venda foi realizada.

Uma noite, em St. Petersburg, Flórida, falei sobre este assunto. Na noite seguinte, um dos homens na platéia veio a mim e contou-me esta história:

— Hoje de manhã uma senhora idosa e baixinha entrou na nossa loja e admirou um lindo broche de brilhantes. Finalmente, comprou-o e preencheu um cheque. Enquanto eu embrulhava o estojo, pensei no que você falou sobre "amar a propriedade do outro". Quando lhe entreguei o broche, comecei a fazer mais barulho sobre ele do que na hora em que o vendera. Falei o quanto o admirava. O quanto o amava. Disse que o brilhante era um dos melhores que já havíamos tido na nossa loja, que era oriundo de uma das maiores e mais importantes minas de diamantes do mundo, na África do Sul, e que eu esperava que ela vivesse muitos e muitos anos para desfrutá-lo bem.

"O senhor sabe, Sr. Bettger — continuou ele —, os olhos dela se encheram de lágrimas, e ela me disse que eu a fizera muito feliz, porque tinha começado a se preocupar, perguntando-se se não teria sido uma tolice gastar tanto dinheiro com uma jóia. Acompanhei-a até a porta, agradeci sinceramente e perguntei se não viria nos visitar de vez em quando. Pois, dentro de uma hora, ela voltou com outra senhora igualmente idosa, que estava hospedada no mesmo hotel. Apresentou-me como se eu fosse seu próprio filho e pediu que eu lhes mostrasse a loja. A segunda senhora não comprou nada tão caro quanto a primeira, mas fez uma compra. E, quando as deixei na porta da frente, tinha a certeza de haver feito duas boas amigas.

Ninguém sabe quando está sendo avaliado. Há alguns anos, uma senhora já de idade e vestida simplesmente, entrou em uma loja de departamentos. Os vendedores não lhe prestaram atenção, exceto um jovem, que não só a atendeu cortesmente como carregou seus pacotes até a porta. Vendo que estava chovendo, abriu o guarda-chuva dela, segurou-a pelo braço e a conduziu até a esquina, onde ajudou-a a pegar o bonde. Poucos dias depois, chegou uma carta de Andrew Carnegie dirigida ao diretor da loja, agradecendo a cortesia com que fora tratada sua mãe. Junto com a carta veio um pedido de compra do mobiliário e guarnições para uma casa nova que ele acabara de construir.

Querem saber o que aconteceu com o jovem vendedor que demonstrou tanta consideração para com uma freguesa? Hoje é diretor de uma grande loja de departamentos numa importante cidade da Costa Leste.

Algum tempo atrás fiz a seguinte pergunta ao Sr. J.J. Pocock, estabelecido na rua Chestnut 1.817, Filadélfia, e um dos maiores distribuidores de geladeiras Frigidaire do país:

— Qual a melhor fonte de novos negócios?

E ele me respondeu com uma palavra:

— Usuários. — Acrescentou algo, em seguida, com tamanha ênfase que jamais esquecerei. E demonstrou o que disse com fatos tão motivadores que, no dia seguinte, já quis ver se funcionava no meu caso. Funcionou como mágica. Sempre funciona! Impossível errar! Aqui está o que o Sr. Pocock disse: — Os novos clientes se sentem entusiasmados e felizes com a compra que fizerem, em especial de um aparelho eletrodoméstico novo que estejam usando. Geralmente ficam entusiasmados e orgulhosos. Sentem-se ansiosos por contar a compra que fizeram aos amigos e vizinhos. Nossos vendedores fazem visitas de cortesia cerca de uma semana depois da instalação de todos os nossos produtos elétricos. Verificam se o novo usuário está satisfeito com sua nova geladeira ou seja lá o que for. Fazem sugestões e oferecem ajuda ou serviços. Pode-se conseguir mais e melhores clientes em perspectiva através desses novos usuários do que de quem quer que seja.

O Sr. Pocock mostrou-me pesquisas feitas pela sua companhia em várias partes do país. Os resultados eram consistentemente parecidos. Por exemplo, numa típica cidade do Meio-Oeste, dos 55 novos compradores pesquisados, descobriu-se que os vendedores tinham feito visitas de cortesia em apenas 17. Oito desses 17 deram aos vendedores nomes de possíveis clientes, que foram visitados e compraram 1.500 dólares de mercadorias. O simples fato de ser cortês produziu de imediato a soma de 1.500 dólares. Mas, vejam bem: se todos os 55 tivessem sido visitados, o que poderia ter acontecido? Façam as contas: 1.500/17 visitas = 90 por visita. 90x55 = 4.900 dólares!

Eis o que disse o Sr. Pocock: "A experiência ensinou-me esta lição: *Quando vender, não esqueça quem comprou!*"

Aqui está outro fato significativo que ele me contou: "Mais da metade dos compradores dizem que quem primeiro os fez se interessarem pela compra foi um parente ou amigo."

A última coisa que o Sr. Pocock disse foi: "Se você cuidar dos seus compradores, eles cuidarão de você."

Por muitos anos, carreguei a seguinte carta no bolso. Raramente deixa de produzir um ou mais nomes de possíveis clientes onde quer eu a use. Com uma pequena alteração talvez você possa usá-la.

Sr. Williams R. Jones
Real Estate Trust Building
Filadélfia, Pensilvânia
Prezado Bill:

Quero que você conheça Frank Bettger. Em minha opinião, é um dos corretores de seguros mais qualificados na cidade de Filadélfia. Ele tem minha inteira confiança e sempre sigo suas sugestões.

Talvez você não esteja interessado em seguro de vida, mas sei que valerá a pena escutar o Sr. Bettger, porque ele tem algumas idéias muito construtivas e pode oferecer serviços que serão benéficos para você e sua família.

Sinceramente,
Bob

Deixem-me eu mostrar como usei esta carta recentemente. Li no jornal que uns amigos, Murphy, Quigley Company, empreiteiros importantes, haviam conquistado uma nova obra. Em vinte minutos eu tinha um deles, Robert Quigley, ao telefone e marcara hora. Quando entrei no seu escritório, foi fácil para mim dirigir-lhe um sorriso largo e feliz:

— Congratulações, Bob!

Quando apertei-lhe a mão, ele me perguntou:

— Qual o motivo?

— Acabei de ler no *Inquirer* de hoje que vocês conseguiram o contrato para o novo acréscimo ao prédio da U.G.I.

— Oh, obrigado — ele sorriu.

Se ele ficou satisfeito? Como poderia deixar de se sentir satisfeito? Pedi que me contasse tudo. E fiquei ouvindo-o um bocado de tempo! Finalmente, eu disse:

— Escute, Bob, quando preparou sua proposta você provavelmente pediu outras propostas a diversos subempreiteiros, não pediu?

— Claro.

Puxei a minha carta de apresentação. Ao entregá-la, falei:

— Bob, você, provavelmente, já prometeu o trabalho para alguns desses subempreiteiros que lhe deram bons preços, não é?

Sorrindo, ele disse:

— Sim, uns dois ou três.

Quando terminou de ler a carta, Bob perguntou:

— O que é que você quer que eu faça, que escreva uma carta igual a esta num papel timbrado nosso?

Saí dali com quatro cartas de apresentação para os empreiteiros de encanamento, aquecimento, eletricidade e pintura.

Como nem sempre é conveniente a solução da carta, carrego um cartão assim:

> PARA *Herbat E. Doerr*
>
> APRESENTANDO
> FRANKLIN L. BETTGER
>
> *Harry Schmidt*

Meu amigo escreve na parte superior do cartão o nome do cliente em perspectiva e assina seu nome na parte de baixo.

Se ele hesita, eu digo:

— Escute, se o seu amigo estivesse aqui, agora, você não hesitaria em me apresentar a ele, pois não?

Geralmente a resposta é:

— Não, claro que não. — E, em seguida, preenche o cartão. Às vezes me dá diversos.

Ocasionalmente, há quem se recuse a me dar qualquer nome. Um ano atrás, um cliente meu, durão e teimoso, me deu a seguinte resposta:

— Eu não mandaria você para ver nem o meu pior inimigo!

Eu quis saber o motivo.

— Escute aqui, Bettger, *odeio* corretores de seguros. Detesto vê-los entrando aqui. Se, um dia, entrasse um corretor aqui, dizendo que tinha sido enviado por um amigo meu, eu ficaria louco de raiva! E chamaria o sujeito que o tivesse mandado e abriria o jogo. Com qualquer outra coisa que não fosse um corretor, eu não me incomodaria!

Impossível ser mais brutalmente franco do que isto. Mas dei um jeito de sorrir e disse:

— Está tudo muito bem, Sr. Blank, acho que entendo como o senhor se sente. Mas vou lhe dizer uma coisa: o senhor me dá o nome de alguém que conheça, com menos de cinqüenta anos e que esteja fazendo dinheiro. Prometo que *jamais* mencionarei seu nome a essa pessoa.

— Bem — disse ele —, desse jeito, se puder, arranje um modo de ser recebido por Carrol Zeigler, fabricante de instrumentos cirúrgicos. Tem pouco mais de quarenta anos e está fazendo bastante dinheiro.

Agradeci a indicação e prometi de novo não mencionar seu nome.

Peguei o carro e fui direto para a indústria do Sr. Zeigler. Ao entrar na sala dele, disse:

— Sr. Zeigler, meu nome é Bettger. Trabalho como corretor de seguros de vida. Um amigo comum me deu o seu nome, com a condição de eu não dizer de quem se trata. Ele me disse que o senhor tem tido muito êxito nos negócios e que seria bom eu falar com o senhor. Pode me conceder cinco minutos agora, ou prefere que eu passe aqui em outra ocasião?

— A respeito de que você queria falar comigo? — perguntou ele.

— *O senhor* — foi minha resposta.

— Eu o quê? Se é de seguro que quer falar, não estou nem um pouco interessado.

— Está perfeitamente bem, senhor. Não quero falar hoje sobre seguros. Mesmo assim, pode me dar os cinco minutos?

Ele me concedeu exatamente cinco minutos. Nesse tempo, fui capaz de conseguir toda a informação de que precisava.

Desde então, vendi três apólices ao Sr. Zeigler, totalizando uma quantia bem substancial. E o estranho é que nós nos tornamos bons amigos, mas ele nem uma vez me perguntou quem tinha dado seu nome.

Qual é o melhor momento para se seguir uma informação como esta? Seis dias depois? Seis semanas? Descobri que o melhor são seis minutos, ou o menor tempo possível que for preciso para chegar lá. Uma boa indicação é uma coisa extremamente quente! Se não vou imediatamente, pode esfriar numa gaveta qualquer dos meus arquivos e, aí, perco o interesse. Quando a retiro de lá, algum tempo mais tarde, é como diz o jovem John Lord, um dos melhores vendedores da minha companhia: "Parece pão dormido!"

Não sabemos nunca o que resultará de uma dessas dicas. Muitas vezes ela é dada por um amigo que sabe de alguma particularidade que não está autorizado a revelar.

AGRADECIMENTO

Agradecer, demonstrar apreço, é algo tão importante quanto conseguir a indicação. Seja o que for que acontecer, de bom ou de ruim, sempre retorno ao amigo que teve suficiente confiança em mim para me dar o nome. Não fazer isto certamente ofende quem procurou ajudar. Pode ser que ele nunca fale nisso, mas será algo que sempre terá contra você. Eu sei. Já estive dos dois lados e senti a reação desfavorável tanto dando quanto recebendo a recomendação.

Além do mais, quando conto que fiz uma venda e mostro como me sinto grato, meu amigo parece ficar tão feliz quanto eu. Se não tenho sucesso, volto a ele e conto exatamente o que aconteceu. É espantoso como, em inúmeros casos, ele arranjará outra dica melhor.

Almocei recentemente com o presidente de um grande banco numa cidade do Oeste. Ele me deu a cópia de uma carta que o banco considerava muito efetiva para expressar apreço aos seus correntistas que apresentavam amigos:

Prezado Sr. Brown

Quero que saiba o quanto apreciamos ter trazido o Sr. Smith para o nosso banco. O espírito de amizade e cooperação que o senhor demonstrou apresentando o Sr. Smith e outros amigos ao First National Bank nos deus grande satisfação. Conte conosco para lhe prestar o tipo de serviço que gostaria de poder desfrutar, bem como seus amigos.

Sinceramente,

Muitos anos atrás, tive a grande emoção de ver Willie Hoppe ganhar o campeonato mundial de bilhar. Fiquei espantado com o tempo que ele passava estudando algumas bolas simples, que até eu teria feito. Logo descobri que não era aquela tacada que ele estava estudando; o que o interessava era como ficaria a bola na tacada seguinte, ou talvez nas doze tacadas seguintes. O oponente de Hoppe parecia tão bom quanto ele, porém, com mais freqüência, colocava-se em posição desfavorável na tacada seguinte.

Agora, posso compreender como Hoppe conseguiu atingir o inacreditável recorde mundial de marcar mais de quinze milhões de pontos em campeonatos oficiais de bilhar. Foi campeão por quarenta e três anos. Tentem igualar este recorde em qualquer outro esporte!

A grande lição que aprendi com Willie Hoppe naquela noite, e que sempre permaneceu fresca na minha cabeça, é a seguinte: *é tão importante colocar-se numa boa posição para a tacada seguinte em vendas quanto no bilhar.* Na verdade, é o coração do nosso negócio!

Ou, então, como colocou Robert B. Coolidge, vice-presidente da Companhia de Seguros Aetna, de Hartford, Connecticut: "Agir com possíveis clientes é como fazer a barba... se não se tomar uma providência todos os dias, quando abrir os olhos, você será um Papai Noel."

RESUMO

1. "Nunca esqueça um cliente; nunca deixe um cliente se esquecer de você."

2. "Se você cuidar dos seus clientes, eles cuidarão de você."

3. Ame a propriedade do seu cliente.

4. Novos clientes são a melhor fonte de novos negócios... *novos* clientes!

5. Quando é a melhor hora para se seguir uma dica? Seis dias depois?... ou seis semanas? ...Descobri que o melhor são *seis minutos*.

6. Nunca esqueça de demonstrar agradecimento por uma indicação que lhe derem. Conte o resultado, quer seja bom ou ruim.

7 Preocupe-se em ficar numa boa posição para a tacada seguinte.

31 SETE REGRAS QUE USO NO FECHAMENTO DE UMA VENDA

COMO JÁ FALEI, houve uma época em que andei tão desencorajado que acho que teria desistido, se não tivesse tido a idéia, em uma manhã de sábado, de tentar chegar à raiz das minhas preocupações.

Primeiro, perguntei a mim mesmo: *"Exatamente qual é o problema?"* E o problema era que eu não estava tendo resultados proporcionais ao enorme número de visitas que fazia. Eu me saía bem, até que chegava a hora de fechar a venda. Aí então o cliente dizia:

— Bem, vou pensar no caso, Sr. Bettger. Venha me ver outra vez.

Era o tempo que eu gastava com as visitas subseqüentes que estava causando a minha depressão.

Depois eu me perguntei: *"Quais são as soluções possíveis?"* Para obter a resposta, consultei o que havia registrado em minha agenda nos doze últimos meses e estudei os fatos. Fiz uma descoberta assombrosa! Setenta por cento das minhas vendas tinham sido fechadas na primeira entrevista. Vinte e três por cento na segunda. E só sete por cento na terceira, quarta, quinta etc. Em outras palavras, eu estava perdendo metade do meu dia de trabalho em negócios que rendiam apenas sete por cento. A resposta era óbvia. Cortei imediatamente todas as visitas além da segunda, e dediquei o tempo que passou a sobrar na procura de possíveis clientes. Os resultados foram inacreditáveis. Em pouco tempo levantei o valor de cada visita de 2,80 para 4,27 dólares.

Agora, esta mesma conclusão se aplicaria a todas as linhas de vendas? O leitor provavelmente já terá respondido a esta pergunta. Permitam-me dar um exemplo. Durante dois anos, uma grande empresa industrial estudou os relatórios apresentados por toda a sua equipe de vendas. Ficaram espantadíssimos ao descobrir que 75% dos negócios produzidos pelos seus vendedores eram vendidos *após* a quinta visita! Mas vejam só o seguinte: descobriram também que 83% dos seus vendedores menos categorizados desistiam dos clientes em perspectiva a quem não conseguiam vender *antes* da quinta entrevista! O que isso prova? Prova a importância de manter registros completos e de estudá-los regularmente. O enorme valor disso, tanto para o vendedor quanto para a companhia, tem sido demonstrado com tanta freqüência que muitas vezes me pergunto por que não é um procedimento adotado *obrigatoriamente* por todo executivo de vendas.

Embora eu tivesse descoberto algo que me proporcionou dobrar minha renda, com a eliminação de todas as visitas após a segunda entrevista, os números mostravam que eu estava fechando apenas uma venda em cada doze. Ainda não sabia como fazer as pessoas chegarem a uma decisão.

Até que, certa noite, pouco tempo depois, tive a boa sorte de ouvir o Dr. Russell H. Conwell, fundador da Temple University, falar na matriz da ACM, em Filadélfia. Seu assunto era: "As Quatro Regras Para um Bom Discurso." Já chegando ao final de sua palestra estimulante, o Dr. Conwell disse: "Número Quatro. Apele para a Ação!" Aqui está a razão pela qual tantos bons oradores fracassam. Ganham o mundo para a sua causa, mas não conseguem conquistar a platéia para a qual estão falando. Eles divertem, proporcionam entretenimento, mas não *vendem* nada! Essa regra proporciona a base mais eletrizante para o clímax do discurso desde que se começou a falar em público...

Apele para a Ação! Era aí que eu estava falhando. Comecei a ler tudo o que encontrava sobre o fechamento de uma venda. Descobri que se tratava do passo sobre o qual mais se havia escrito. Conversei com vendedores notáveis para saber o que diziam a respeito do apelo à ação. O resultado de tudo, além de outras coisas que aprendi com a minha própria experiência, foram sete regras notáveis, que me permitiram progredir muito nesta coisa de levar as pessoas a tomarem uma decisão:

1. GUARDE OS PONTOS DE FECHAMENTO PARA O FECHAMENTO

Na minha ansiedade para vender, eu usava os pontos de fechamento cedo demais na minha entrevista. Aprendi que a venda bemsucedida normal passa por *quatro* etapas: (1) Atenção, (2) Interesse, (3) Desejo e (4) Ação.

Quando comecei a guardar meus pontos de fechamento para a hora do fechamento, passei a capacitar o cliente em perspectiva a julgar meu plano com a mente aberta. Com isso, evitava o surgimento de muitas resistências. E, aí, quando chegava a hora da ação, tinha algo para me deixar animado. Minhas frases de impacto melhoraram muito, passaram a ter mais força. Em vez de me obrigar a mostrar-me entusiasmado, às vezes tinha que me conter. E descobri que o *entusiasmo contido* é mais efetivo para despertar o entusiasmo do possível cliente na hora do fechamento da venda.

2. SUMÁRIO

Descobri que um bom sumário proporciona a melhor base para o clímax de uma venda. Quão longo deve ser um sumário? Um teste magnífico é o realizado por um grande gerente de vendas que eu conheço. Ele diz para que seus vendedores sumarizem as vantagens do produto com um fósforo aceso na mão. De qualquer modo, o sumário tem que ser breve.

Acho ainda mais eficiente quando consigo fazer que o cliente resuma o que foi dito. Faz com que ele entre em ação. Eu digo: "Dá para ir escrevendo aí?" E repito o sumário com um mínimo de palavras. "Número Um... Número Dois... Número Três... Número Quatro..." É um clímax natural, onde você tem o comprador acompanhando o seu ritmo e o conduz ao ponto em que será ele mesmo quem o ajudará a fechar a venda.

3. A FRASE MÁGICA

Depois de apresentar o plano e de resumi-lo, encaro meu cliente e pergunto: "Que tal lhe parece?"

É surpreendente a freqüência com que a resposta é: "Acho que gosto do seu plano."

Entendo que isto significa que ele vai comprar, de modo que não espero nem mais um momento. Começo a fazer as perguntas necessárias e a escrever suas respostas no formulário. Sempre começo com perguntas sem importância. Uma vez que comece a responder, raramente deixará de comprar. Quando há alternativas no meu plano, faço com que escolha uma delas.

Creio ser importante mencionar aqui que, durante a apresentação, tento conseguir um ou mais "sim" do cliente. Por exemplo, depois de lhe mostrar um detalhe positivo, pergunto: "Não acha que é uma boa idéia?" Em geral, ele balança a cabeça afirmativamente e diz algo parecido com: "Sim, acho."

4. ACEITE BEM AS OBJEÇÕES

Precisei de um bocado de tempo para entender que os melhores clientes em perspectiva são os que objetam. Fiquei surpreso ao ver que muitas das objeções que eu pensava serem destinadas a se livrarem de mim, na verdade eram sinais de compra. Por exemplo, se a objeção é "não posso pagar isso", na verdade a pessoa está me dizendo que *quer* comprar o que lhe ofereço. Assim, o único problema que resta é mostrar-lhe que pode pagar. As pessoas raramente ficam ressentidas com o vendedor que se mostra persistente e enérgico, se ele estiver falando em termos do seu interesse. Na verdade, é melhor aceito e mais respeitado por este motivo.

5. POR QUÊ...? ALÉM DISSO...?

Tenho que voltar à expressão "além disso". Procuro guardá-la como uma espécie de ás na manga. E uso o "por quê?" o tempo todo da entrevista sob diferentes formas. Mesmo que não use exatamente o "por quê?" estou sempre a fazer perguntas.

Vamos ao exemplo de uma venda, tal como foi contada por um vendedor, presente a um curso que demos em Chattanooga, Tennessee, há alguns anos. Esse vendedor chegara àquela parte da entrevista em que o cliente diz: "Bem, não vou decidir agora... entre em contato comigo lá pelo outono, depois do dia quinze de setembro."

— É nesse ponto que eu fracasso — disse-me o vendedor.

Pois vejam como ele mesmo devolveu a bola ao cliente em perspectiva na visita seguinte, em que procurava vender um curso de treinamento comercial:

CLIENTE: Procure-me depois de quinze de setembro.

VENDEDOR: Sr. Carroll, se o seu patrão o chamasse à sala dele, amanhã de manhã, e lhe oferecesse um aumento de salário, o senhor diria para que ele lhe chamasse depois do dia quinze de setembro?

CLIENTE: Claro que não. Ele ia pensar que eu estava maluco.

VENDEDOR: Pois bem, não é praticamente isso que o senhor está me dizendo agora? Basta assinar o seu nome aqui (*apontando para a linha pontilhada*), do jeito como está escrito em cima, e já terá completado diversas lições no dia quinze de setembro.

CLIENTE (*apanhando o formulário*): Deixe isto e toda a literatura que tiver aí comigo. Vou pensar com calma e lhe dou uma resposta na semana que vem.

VENDEDOR: Por que não assina agora?

CLIENTE: Bem... eu, na verdade, não tenho como pagar.

VENDEDOR (*pausa*): *Além disso*, não está com algum outro problema?... Existe algo impedindo que tome esta importante decisão?

CLIENTE: Não, é só isto mesmo. Eu pareço estar sempre com pouco dinheiro.

VENDEDOR: Sr. Carroll, *se o senhor fosse meu irmão, eu lhe diria o que vou dizer agora.*
CLIENTE: O que é?
VENDEDOR: Escreva seu nome *agora*, e pronto! Comece o seu curso!
CLIENTE: Qual é a menor quantia que posso dar de entrada e quanto terei que pagar por mês?
VENDEDOR: O senhor diz qual é a quantia que pode pagar agora e eu lhe digo se vai poder começar.
CLIENTE: Se eu pagar vinte e cinco agora e dez por mês estaria bom?
VENDEDOR: Fechado. Assine aqui (x...) e terá dado o primeiro passo.
CLIENTE (*assina o formulário*).

6. PEÇA AO CLIENTE PARA QUE ASSINE AQUI

Sempre faço um X bem grosso na linha onde o cliente tem de assinar. Simplesmente dou a minha caneta e aponto para o X, dizendo: "Quer assinar aqui o seu nome, tal como está escrito lá em cima?"
Sempre que possível, trago o formulário preenchido. No mínimo procuro ter o nome dele escrito no topo da folha.

7. RECEBA O PAGAMENTO JUNTO COM O PEDIDO. NÃO TENHA MEDO DE DINHEIRO

Os registros dos vendedores bem-sucedidos provam que pedir o pagamento, junto com a assinatura no formulário, é um dos fatores mais poderosos no fechamento de uma venda. O comprador valoriza mais o seu produto ou serviço. Tendo pago, passa a considerar que o produto é sua propriedade. Quando o possível cliente tem tempo para reestudar a questão e debater sozinho, às vezes decide adiar todo o processo, mas nunca vi alguém cancelar um pedido depois de ter pagado algo por conta.

A OCASIÃO EXATA PARA FECHAR A VENDA

Quando é a ocasião certa para se fechar uma venda? Às vezes, no primeiro minuto. Às vezes nem em uma hora — ou duas! Como se sabe que chegou a hora certa? Quem já viu um grande pugilista em ação tem uma boa idéia de como é. Joe Louis, por exemplo, foi um dos maiores fechadores que já subiram às cordas. Sabia como "fechar" uma luta. Eu o vi fechar três de suas lutas que valiam campeonatos. A multidão observava quase sem poder respirar, excitada, porque Joe estava constantemente alerta, testando o oponente, aguardando com paciência o momento oportuno. Às vezes, era logo no primeiro assalto. Às vezes, não aparecia senão no décimo ou décimo segundo. Joe, contudo, agia rapidamente assim que percebia um sinal de fechamento. Se via que tinha se enganado, aquele mestre de "fechamentos" voltava ao seu trabalho de "venda". Sabia que cada tentativa o levaria mais perto do momento certo. E, no entanto, jamais dava a impressão de estar ansioso.

Com anos de experiência, meu processo de vender foi gradualmente se aperfeiçoando, e passei a tornar-me cada vez menos consciente de qualquer grande esforço final para fechar a venda. Se a minha *abordagem* estiver certa, se eu tiver sido capaz de criar suficiente *interesse* e *desejo*, aí então, quando chegar a hora da *ação*, o cliente em perspectiva estará pronto e ansioso para comprar.

Limitei-me a tentar, muito resumidamente, explicar como usar certas idéias que sempre foram úteis para mim, coisas que acredito que possam ser usadas em todas as linhas de vendas. Para um estudo mais completo do fechamento, posso recomendar entusiasticamente o livro de Charles B. Roth, *Secrets of Closing Sales*, editado por Prentice-Hall Inc., de Nova York.

Datilografei essas coisas em fichas que carreguei no bolso por algum tempo. Em maiúsculas, na parte de cima, escrevi o seguinte:

ESTA VAI SER
A MELHOR ENTREVISTA QUE JÁ TIVE

Pouco antes de entrar na sala de alguém, eu repetia estas palavras para mim mesmo. Tornou-se um hábito. E até hoje, com freqüência, me surpreendo repetindo-as.

O *maior* valor da ficha, contudo, era o seguinte: após uma entrevista malsucedida, eu verificava minha atuação com a ajuda do que estava ali escrito para ver o que fizera de errado, ou o que poderia ter feito diferentemente. Era a prova dos nove!

SUMÁRIO

LEMBRETES DE BOLSO

ESTA VAI SER A MELHOR ENTREVISTA
QUE JÁ TIVE

1. Guarde os pontos de fechamento para o fechamento. Os quatro pontos de uma venda normal são (1) Atenção, (2) Interesse, (3) Desejo e (4) Ação.

2. Faça um sumário. Sempre que possível, leve o cliente em perspectiva a fazê-lo. Faça com que ele entre em ação!

3. "Que tal lhe parece?" Após concluir a sua apresentação, faça esta pergunta. É mágica!

4. Receba bem as objeções! Lembre-se: os melhores clientes em perspectiva são os que apresentam objeções.

5. "Por quê?"... "Além disso"... A primeira pergunta faz o cliente falar, exprimir suas objeções. E o "além disso" descobre a razão verdadeira ou o ponto chave.

6. Peça ao Cliente em Potencial Para Assinar o Nome Aqui

   X ....
   Consiga um formulário o mais cedo possível. Tente pelo menos ter o nome do cliente escrito no topo da folha. Você nunca saberá se ele podia ter fechado uma venda a menos que tente fazer com que assine.

7. Receba o pagamento junto com o pedido. *Não tenha medo de dinheiro.* Vendedores de sucesso afirmam que pedir o pagamento é um dos fatores mais poderosos no fechamento de uma venda.

Verifique diariamente seu desempenho, comparando-o com estas regras.

Aplique-as até que se tornem um hábito.

32 UMA TÉCNICA ASSOMBROSA PARA FECHAR VENDAS QUE APRENDI COM UM MESTRE

NOTA DO EDITOR DA EDIÇÃO AMERICANA: (*O que dizer a um possível cliente quando você volta para sua decisão final? O Sr. Bettger revela uma técnica extraordinária que lhe permitiu fechar muitas vendas.*)

EM 1924, aprendi uma assombrosa técnica de fechamento com um grande vendedor chamado Ernest Wilkes. Na época em que fez a sua descoberta, o Sr. Wilkes trabalhava para a Companhia de Seguros Metropolitan, de San Francisco, Califórnia, cobrando pagamentos semanais no valor de dez e quinze centavos de trabalhadores portadores de apólices. Como vendedor, não ia bem. Seu pequeno salário e as comissões que recebia mal davam para alimentar e vestir mulher e filhos, nada sobrando para ele. Suas roupas eram surradas e caíam mal; as mangas das camisas e dos paletós não podiam ser mais puídas.

A principal dificuldade que Wilkes encontrava para vender, segundo me disse, era que se esforçava ao máximo na primeira entrevista e terminava com o cliente em potencial lhe dizendo: "Deixe esta informação comigo e vou pensar. Procure-me na semana que vem."

— Quando eu o via de novo — disse-me Wilkes —, nunca sabia o que dizer, pois já dissera tudo na primeira entrevista. E a resposta era sempre a mesma. O sujeito afirmava ter pensado no caso, mas não podia fazer nada, por enquanto... talvez no ano seguinte. Até que um dia eu tive uma idéia — continuou Wilkes, entusiasmado —, que funcionou como mágica! Comecei a fechar as vendas quando voltava para a segunda entrevista!

Enquanto eu o ouvia explicar seu método, não me pareceu adequado. Mesmo assim, decidi experimentar. Na manhã seguinte, liguei para um construtor chamado William Eliason, da Land Title and Trust Building, em Filadélfia, a quem apresentara, dez dias antes, um plano, recebendo a recomendação de voltar em duas semanas.

Eis o que ele me disse:

— Deixe isto comigo e volte em quinze dias. Estou estudando, também, os planos apresentados por duas outras companhias.

175

Segui precisamente as instruções do Sr. Wilkes. Primeiro, preenchi o formulário antes de fazer a visita, usando todas as informações de que dispunha, tais como nome completo, endereços comercial e residencial, e também a quantia que Eliason estava pensando em segurar. Aí, então, coloquei um X bem grande na linha pontilhada onde o contratante assina.

Wilkes tinha enfatizado bastante a importância do seu X.

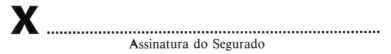
Assinatura do Segurado

Quando cheguei, a porta da sala do Sr. Eliason estava aberta. Vi-o sentado à sua mesa. A recepcionista não estava. Ele levantou os olhos na minha direção e me reconheceu. Sacudindo a cabeça negativamente, fez com a mão um gesto de adeus.

Seguindo as instruções de Wilkes ao pé da letra, continuei caminhando, com a cara séria. (Numa hora dessas, nada de sorrir.) O Sr. Eliason disse, asperamente:

— Não, não vou fazer nada. Decidi deixar de lado este assunto. Talvez o retome daqui a seis meses.

Enquanto ele falava, removi deliberadamente o formulário do meu bolso, desdobrei-o e continuei a andar na sua direção. Chegando ao seu lado, coloquei-o sobre a mesa, diretamente na sua frente.

Só então pronunciei as primeiras palavras que o Sr. Wilkes mandou que eu dissesse:

— Está certo, Sr. Eliason?

Tirei a caneta do bolso enquanto ele lia, ajustei-a para escrever, mas continuei onde estava, imóvel. Na verdade, sentia-me apavorado. Tinha a impressão de que tudo estava errado.

Ele levantou a cabeça.

— O que é isto, um contrato?

— Não — foi a resposta.

— Ora, claro que é! É o que diz aqui em cima!

— Só será um contrato depois que o senhor assinar seu nome aqui. (Ao mesmo tempo em que falava, ofereci-lhe a caneta e toquei com um dedo a linha pontilhada.)

Ele fez exatamente o que Wilkes previra: pegou a caneta da minha mão, dando a impressão de nem perceber do que fazia! Mais silêncio, enquanto ele continuou a leitura. Finalmente, levantou-se, caminhou devagar até a janela e apoiou-se no peitoril. Devia ter lido cada palavra daquele documento. O tempo todo o silêncio foi absoluto. Devem ter se passado cinco minutos até que retornou à sua mesa, sentou-se e começou a assinar seu nome com a minha caneta, ao mesmo tempo em que dizia:

— É melhor eu assinar logo isto. Se não assinar, tenho medo de morrer!

Com o maior esforço para controlar minha voz, consegui perguntar:

— O senhor quer me dar um cheque pelo ano todo, Sr. Eliason, ou prefere pagar a metade agora e o saldo em seis meses?

— Quanto é? — ele quis saber.

— Só 432 dólares — respondi.

Pegando o talão de cheques numa gaveta, ele deu uma olhada e disse:

— Oh, acho melhor pagar tudo agora; caso contrário daqui a seis meses estarei tão sem dinheiro quanto agora.

Não sei como consegui controlar-me e não soltar um grito de alegria, quando ele me entregou o cheque e devolveu a caneta. O fechamento milagroso que Ernest Wilkes descobrira, e que me parecera tão forçado, estava destinado ao sucesso, sem dúvida nenhuma!

Nunca uma pessoa ficou furiosa comigo por tentar isso. E quando falha, não me impede de voltar para tentar fechar a venda mais tarde.

Mas qual é a psicologia atrás disso? Eu não sei. Talvez seja o seguinte: o vendedor faz com que o cliente fique preocupado em *assinar* e não em recusar. Todos os argumentos a favor da recusa são recalcados, e, subconscientemente, a pessoa só pensa nos motivos pelos quais deve assinar. E isto tende a se transformar em ação.

Se o seu cliente em perspectiva compreende claramente a proposta que recebeu, e se você também acredita que fazer o seguro será para o bem dele, por que, então, começar do nada na segunda entrevista? Por que não colocar a bola na marca do pênalti, e assim tornar o gol uma quase certeza?

Embora este fechamento destine-se, basicamente, a ser empregado na entrevista final, acredito que muitas vezes a venda se completa já na primeira vez, só que não percebemos. Com freqüência, através do uso desta técnica, fui capaz de fechar vendas na primeira entrevista.

Eis uma experiência estranha. Depois que eu já estava usando esta idéia há três anos, tive uma proposta de emprego feita por uma grande organização financeira. Tratava-se de uma proposta bastante lisonjeira. Ao final da primeira entrevista, ficou combinado que eu deveria pensar bem, e foi marcada uma segunda entrevista para dez dias depois. Durante este tempo, conversei com diversos amigos, homens mais velhos que eu e com mais experiência. Minha decisão foi, finalmente, a de não aceitar a proposta.

Quando fui conduzido por um diretor da companhia, dez dias mais tarde, a um elegante escritório, *lá estava meu contrato em cima da sua mesa, diretamente na minha frente quando me sentei.* Tinha sido completamente preenchido no meu nome; havia um belo selo dourado no final e um X na linha pontilhada onde eu devia assinar!

Li tudo em silêncio por algum tempo.

Nem uma palavra foi dita.

Todas as razões pelas quais eu decidira *não* aceitar a oferta deles desapareceram da minha cabeça. E todas as razões pelas quais eu devia *aceitar* vieram correndo, sem faltar uma: o salário era bom... eu podia contar com ele de qualquer maneira, doente ou com saúde, em tempos prósperos ou não... era uma companhia grande...

Quando levantei os olhos e comecei a dizer que decidira não aceitar a proposta, e a dar minhas razões, a impressão que tive foi de estar repetindo um texto decorado no qual na verdade não acreditava. Só que, para minha surpresa, ele desistiu! Apertou a minha mão calorosamente e disse:

— É uma pena, Sr. Bettger, gostaríamos de tê-lo conosco, mas desejo-lhe todo o sucesso do mundo, e espero que seja muito feliz e tenha muitos êxitos e muita sorte.

O estranho nesta entrevista foi que não me ocorreu, senão depois que saí da sala, que aquele homem usara comigo *a mesma técnica* que eu vinha usando há três anos, e mesmo assim eu não tinha percebido! Sim, trata-se de uma coisa *natural*. Eu inclusive estava com a caneta dele na mão, sem me lembrar de quando a apanhara! Aquele homem teria ficado espantado se soubesse como estive perto de assinar aquele contrato. E se ele não tivesse desistido na primeira tentativa, se tivesse ficado comigo mais um pouco... *eu teria assinado.*

A propósito, o leitor está interessado em saber o que aconteceu a Ernest Wilkes, o corretor pobre e que usava roupas surradas? Tornou-se vice-presidente da maior companhia de seguros do mundo — a Metropolitan Life Insurance Company. Por ocasião de sua morte prematura em 1942, era considerado como o futuro presidente daquela grande empresa.

SUMÁRIO DAS ETAPAS PARA O FECHAMENTO
E
"LEMBRETES"

1. Preencha o pedido, formulário ou contrato, *antecipadamente*, mesmo que só tenha o nome e o endereço do possível cliente.

2. Marque com um X bem grande todos os lugares em que a assinatura do comprador seja necessária.

3. Diga suas primeiras palavras — "Está tudo certo, Sr. Blank?" — colocando o documento sobre a mesa, diretamente na frente dele. Se a entrevista se desenrola em pé, coloque os papéis desdobrados nas suas mãos.

4. A bola está agora na marca do pênalti! O gol só depende de *você*! Um dos maiores serviços que um homem pode prestar a outro é ajudá-lo a tomar uma decisão inteligente.

SUMÁRIO

PARTE CINCO

LEMBRETES

1. Não tente jogar primeiro o *cabo de atracação*. Lance antes a linha fina. A abordagem deve ter apenas um único objetivo — "vender" a entrevista de vendas. Não o seu produto — mas a sua *entrevista*. É a venda antes da venda.

2. O alicerce da atividade de vender repousa em conseguir marcar entrevistas. E o segredo de conseguir entrevistas boas e atenciosas é marcar hora! Não queira conseguir tudo no primeiro momento. Primeiro consiga a entrevista. Depois, venda o seu produto.

3. O melhor modo de tapear secretárias e telefonistas é nunca tentar! Seja honesto e sincero com

elas. Faça com que confiem em você. Nunca use truques ou subterfúgios.

4. "Se você quer ser um craque no jogo das vendas, tem que dominar os fundamentos — o ABC do seu trabalho — tão firmemente que eles passem a fazer parte de você... Escreva sua fala palavra por palavra. Insista em aperfeiçoá-la. Leia e releia até que saiba tudo. Mas não decore. Pratique com sua mulher, seu gerente, outro vendedor. Repita-a até que goste dela. Knute Rockne disse: *"Pratique... Pratique... Pratique."*

5. Aproveite ao máximo a dramatização. "Uma demonstração vale mais que mil palavras." Deixe o cliente agir. *Deixe o comprador ajudar você a fazer a venda.*

6. "Nunca esqueça um cliente; nunca deixe um cliente se esquecer de você." Novos clientes são a melhor fonte de novos negócios... *novos* clientes! Siga as dicas que lhe derem enquanto ainda estiverem quentes. Conte qual foi o resultado, bom ou ruim. *Preocupe-se com ficar em boa posição para a tacada seguinte.*

7 Verifique diariamente o seu desempenho, comparando-o com as regras para o fechamento de uma venda. Procure descobrir o que fez de errado, ou o que poderia ter feito diferentemente. Tire a prova dos nove!

PARTE SEIS

Não Tenha Medo de Fracassar

33 NÃO TENHA MEDO DE FRACASSAR!

ERA UMA LINDA TARDE de sábado do verão de 1927, e 35 mil entusiasmados fãs de beisebol comprimiam-se no estádio de Shibe Park, Filadélfia. Vaiavam Babe Ruth com toda a força dos seus pulmões! Bob Grove, um dos maiores lançadores canhotos de todos os tempos, tinha acabado de lançar duas séries sucessivas de três bolas sem que Babe tivesse conseguido rebater pelo menos uma. Duas bases foram ocupadas.

Quando o grande batedor voltou ao banco, em meio a uma gritaria selvagem e agressiva, levou a mão ao boné num gesto polido e, calmamente, bebeu sua água.

No oitavo tempo, quando se levantou para o seu terceiro turno no bastão, a situação estava crítica. Os Athletics ganhavam dos Yankees por 3 a 1. As bases estavam ocupadas e duas estavam fora. Quando Babe escolheu seu bastão favorito e dirigiu-se para o meio do pequeno quadrilátero onde aguardaria os arremessos, a multidão se levantou, como algum sinal. A ansiedade era tremenda!

"Acabe com ele de novo!", gritavam os torcedores do Athletics para Grove. Empertigado na caixa do lançador, era fácil ver que o canhoto grandalhão estava certo de que poderia fazê-lo.

Quando o fantástico batedor tomou posição, a torcida ficou histérica. Houve uma pausa. Mickey Cochrane, o grande apanhador do Athletics, agachou-se atrás dele para dar o sinal. Grove fez um lançamento com a velocidade do raio. Ruth brandiu o bastão no ar. "Primeiro ponto!", berrou o árbitro. Novamente o sinal, e outro lançamento, rápido demais para se ver. Mais uma vez Babe tentou sua batida magnífica e errou. "Segundo ponto!", gritou o juiz.

Babe Ruth cambaleou *e caiu*. Ele literalmente desabou. Viu-se uma nuvem de poeira quando ele se estatelou no chão. A multidão enlouqueceu. Virei-me para um desconhecido ao meu lado, e gritei em seu ouvido. Mas o barulho era tão grande que não consegui ouvir minha própria voz. Finalmente, pondo-se de pé, o *Bambino* limpou a poeira das calças, enxugou as mãos e preparou-se para o arremesso seguinte. Grove lançou a bola com tanta velocidade que ninguém conseguiu vê-la. Babe brandiu o bastão e desta vez acertou! Passou-se uma fração de segundo até que se percebesse o que ocorrera. Aquela bola nunca mais voltaria!

Ela desapareceu por cima do placar e das casas do outro lado da rua, uma das maiores rebatidas na história do beisebol.

Babe Ruth completou o circuito das bases, finalizando a jogada que deu a vitória aos Yankees, e foi loucamente aplaudido.

Fiquei observando quando ele entrou no reservado e levantou o boné: ostentava o mesmo sorriso de antes, e *a expressão do seu rosto era exatamente igual à das duas outras vezes, quando fora vaiado.*

Mais tarde, depois de os Yankees terem assegurado o campeonato da Liga Americana naquele ano, Grantland Rice entrevistou Ruth.

— Babe, o que é que você faz quando erra uma rebatida?

— Continuo batendo. Sei que a velha lei das médias vai funcionar para mim como funciona para todo mundo, desde que eu continue manejando o bastão como sempre. Se perco duas ou três rebatidas num jogo, por que tenho de me preocupar? Os lançadores que se preocupem; são eles que vão sofrer depois.

Esta fé inabalável em fazer com que a estatística trabalhasse em seu benefício permitiu que Babe Ruth aceitasse os fracassos com um sorriso. Sua atitude de aceitar os bons e os maus momentos sem se perturbar tornou-o um dos maiores artistas do esporte, uma grande atração de bilheteria e o jogador mais bem pago de todos os tempos.

Por que será que, quando lemos notícias sobre os grandes feitos de atletas ou empresários, raramente tomamos conhecimento dos seus fracassos? Por exemplo, sabemos do assombroso recorde do imortal Babe Ruth, que conseguiu rebater 851 bolas longe o bastante para percorrer o circuito das bases, mas não temos a menor idéia de outro recorde mundial seu e que nunca é mencionado: ele *falhou* 1.330 vezes! Mil trezentas e trinta vezes Babe Ruth sofreu a humilhação de voltar para o banco debaixo de vaia e ridicularizado. Mas nunca permitiu que o medo do fracasso atrapalhasse seu esforço.

Você se sente desencorajado com os seus fracassos? Veja bem, a sua média pode ser tão boa quanto a de qualquer outra pessoa. Se não encontrar seu nome no quadro de honra, não culpe seus fracassos. Examine seus registros. Provavelmente descobrirá que o motivo verdadeiro é falta de esforço. Não se expôs o suficiente. Não deu uma chance à velha lei das médias para trabalhar em seu benefício.

Acredita em você e nas coisas que quer fazer? Está preparado para muitos tropeços e fracassos? Qualquer que seja o seu ramo, cada fracasso é como uma rebatida perdida no beisebol. Seu maior trunfo é o número de erros desde o último acerto. Quanto maior este número, mais perto você estará da próxima rebatida.

O seguinte registro de fracassos foi muito inspirador para mim:

- Quando jovem, candidatou-se à Assembléia do Illinois e sofreu uma derrota acachapante;
- Em seguida, tentou os negócios: fracassou e passou dezessete anos de sua vida pagando as dívidas do sócio;
- Apaixonou-se por uma bela jovem, de quem ficou noivo, mas ela morreu;
- Candidatou-se ao Congresso e sofreu uma derrota feia;
- Tentou ser nomeado para o Registro de Terras da União e não conseguiu;
- Candidatou-se ao Senado Federal e perdeu as eleições;
- Dois anos depois, em outra campanha senatorial, perdeu para Stephen Á. Douglas.

Um fracasso atrás do outro — grandes fracassos, grandes tropeços. Mas, não obstante tudo isso, ele continuou tentando e tornou-se um dos maiores personagens da história do país.

Talvez você o conheça. Chamava-se Abraham Lincoln.

Recentemente, conheci um ex-vendedor que passou a ser funcionário administrativo de uma pequena indústria. Ele me contou que foi o medo do fracasso que fez com que falhasse como vendedor.

— Quando eu saía para visitar uma pessoa indicada pela minha companhia, ficava feliz da vida quando o possível cliente não estava. Se eu o encontrasse, tinha tanto medo de não conseguir o pedido que me mostrava nervoso, superansioso e artificial. Conseqüentemente, tinha que fazer um esforço miserável para efetuar a venda.

O medo do fracasso é uma fraqueza comum à maioria das pessoas, homens, mulheres e crianças.

Um dia desses fui tomar o desjejum no Monte Alto Hotel com Richard Campbell, de Altoona, Pensilvânia. Dick conseguiu atingir um número fenomenal de vendas de seguros de vida para a Fidelity Mutual Life Insurance Co. Trata-se de um homem que subiu na vida com tanto esforço próprio que quase se poderia dizer que subiu puxando os próprios cabelos. Perguntei-lhe se, algum dia, tinha sentido medo de fracassar. Fiquei espantado quando me disse que sentira tanto medo que quase desistira de ser corretor.

— Ninguém poderia se sentir mais desanimado e desencorajado do que eu; não podia pagar as contas, não tinha dinheiro, estava sempre "quebrado". No entanto, quanto piores, as coisas iam, *menos* gente eu visitava. Sentia tanta vergonha dos meus relatórios que comecei a adicionar visitas que nunca fizera (em meus relatórios pessoais, claro). Sim, comecei a tapear a mim mesmo. Nenhum homem consegue descer mais baixo que isso! Um dia, saí de carro para o interior, entrei numa estrada deserta, parei e desliguei a ignição. Fiquei sentado ali durante três horas. Perguntei a mim mesmo: "Por que você faz essas coisas?" Não diminuí por um instante a pressão a que me submeti. "Campbell", falei, "se é mesmo esse o tipo de sujeito que você é, se vai ser trapaceiro consigo, também vai ser trapaceiro com as outras pessoas... Você está destinado ao fracasso... Só há uma escolha a fazer, e ela tem que ser feita por você — e agora. Nenhuma outra hora servirá — tem que ser *agora*!"

Desde aquele dia Dick Campbell passou a manter registros completos e precisos, expressando acuradamente seu trabalho e seu plano de vida. Segundo ele, "neste mundo, ou nós nos disciplinamos ou o mundo nos disciplina. Prefiro eu mesmo me disciplinar". Dick Campbell acredita que a adoção deste plano o capacitou a eliminar todo o medo de fracasso. Ainda segundo ele: "Sempre que o vendedor perde o hábito de entrevistar um número suficiente de possíveis clientes, perde seu senso de indiferença."

Babe Ruth tinha um certo senso de indiferença. Segundo Brother Gilbert, seu descobridor, "ele tinha melhor aparência quando errava do que quando punha a bola para fora do estádio".

O Dr. Louis E. Bisch, um dos principais psiquiatras do país, escreveu: "Cultive um pouco o hábito de não se importar muito com as coisas; não se preocupe com o que as outras pessoas possam pensar. Com isto, granjeará a afeição de todos e será mais amado."

"Minha grande preocupação", disse Lincoln, "não é o fracasso, mas sim a acomodação ao fracasso."

Thomas Edison teve dez mil fracassos antes de conseguir inventar a lâmpada elétrica.

Ninguém se lembrará das suas primeiras nove tentativas frustradas, se, na décima vez, você consegue uma vitória espetacular!

Os fracassos não têm o menor significado se o sucesso acaba por acontecer. Este é um pensamento que deve animá-lo e ajudá-lo a continuar fazendo o que parece tão difícil.

Continue tentando! Um dia, em breve, você encontrará um modo de fazer aquilo que hoje parece impossível.

Foi Shakespeare quem escreveu: "Nossas dúvidas são traidores que nos fazem perder o bem que muitas vezes poderíamos arrebatar, por ter medo de tentar."

A CORAGEM NÃO É A AUSÊNCIA DO MEDO,
E SIM SABER DOMINÁ-LO.

34 O SEGREDO DO SUCESSO DE BENJAMIN FRANKLIN

ESTE CAPÍTULO, provavelmente, deveria ter sido escrito no princípio, mas deixei-o para o fim do livro porque, talvez, seja o mais importante de todos. É a trilha que segui.

Nasci durante a nevasca de 1888 numa casinha geminada da rua Nassau, em Filadélfia. Em ambos os lados da nossa rua havia postes de iluminação a cada cinqüenta metros. Lembro que, quando garotinho, eu esperava o acendedor de lampiões todas as noites, ao escurecer, carregando uma tocha acesa. Parava junto de cada poste, levantava a tocha e acendia o lampião. Eu geralmente o observava até que ele desaparecia de vista, deixando uma trilha de luzes atrás de si, de tal sorte que todos podiam ver seu caminho.

Muitos anos mais tarde, quando estava tateando no escuro, tentando desesperadamente aprender a vender, li um livro que teve um efeito tremendo em minha vida, *A Autobiografia de Benjamin Franklin*. A vida de Franklin me fez lembrar o acendedor de lampiões. Ele também deixou uma trilha de luz tão clara que todos poderiam enxergar seu caminho.

Uma das luzes dessa trilha destacava-se como um farol, uma idéia descoberta por Franklin, quando não passava de um pequeno tipógrafo em Filadélfia, mergulhado em dívidas. Ele via a si próprio como um homem normal, com a mesma capacidade dos outros, mas acreditava que poderia descobrir os princípios essenciais da vida bem-sucedida, se ao menos fosse capaz de encontrar o método certo. Tendo uma mente inventiva, acabou por imaginar um método tão simples e prático que qualquer um poderia usá-lo.

Franklin escolheu treze assuntos que achava necessário, ou desejável, aprender e tentar dominar, e deu a cada item uma semana de atenção, sucessivamente. Assim, foi capaz de percorrer toda a sua lista em treze semanas, e repetir o processo quatro vezes por ano. No final deste capítulo o leitor encontrará uma cópia da lista de Franklin, tal como aparece na sua biografia.

Quando tinha 79 anos, Benjamin Franklin escreveu mais a respeito desta idéia do que sobre qualquer outra coisa que lhe tenha acontecido em toda a vida — quinze páginas —, pois achava que devia todo o seu sucesso e felicidade a ela. Concluiu, escrevendo:

"Espero, desta forma, que alguns dos meus descendentes possam seguir meu exemplo e colher o mesmo benefício."

Quando li estas palavras pela primeira vez, voltei rapidamente para a página onde Franklin começara a explicar seu plano. Com o passar do tempo, já reli estas páginas dezenas de vezes. Foi como um legado para mim!

Bem, pensei, se Benjamin Franklin, um dos homens mais sábios e práticos que já existiram, acreditava que aquilo era a coisa mais importante que ele já tinha feito, por que não experimentar? Pode ser que, se eu tivesse cursado a universidade, ou mesmo o ginásio, me considerasse esperto demais para uma coisa dessas. Mas eu tinha um complexo de inferioridade por só ter freqüentado a escola durante seis anos em toda a minha vida. Aí, então, descobri que Franklin só tinha tido *dois* anos de escola, e como agora, 150 anos depois de sua morte, todas as grandes universidades do mundo o tinham coberto de honrarias, achei que seria um idiota se não experimentasse! De qualquer modo, guardei segredo. Não queria que rissem de mim.

Segui seu plano exatamente como ele ensinou. Simplesmente apliquei-o em vendas. Dos treze tópicos de Franklin escolhi seis e substituí os sete restantes por outros que achei que seriam mais úteis no meu negócio e nos quais eu era especialmente fraco.

Aqui está a minha lista, na ordem que segui:

1. Entusiasmo.
2. Ordem: auto-organização.
3. Pensar em termos dos interesses dos outros.
4. Perguntas.
5. Item chave.
6. Silêncio: ouça.
7. Sinceridade: mereça a confiança da outra pessoa.
8. Conhecimento do meu negócio.
9. Admiração e elogio.
10. Sorria: felicidade.
11. Lembrar nomes e rostos.
12. Serviço e prospecção.
13. Fechamento da venda: ação.

Preparei uma ficha para cada um dos assuntos, com um breve sumário dos princípios, semelhante aos lembretes encontrados neste livro. Na primeira semana, carreguei no bolso o cartão sobre "entusiasmo". De vez em quando, durante o dia, eu o lia. Naquela semana, tomei a decisão de dobrar o entusiasmo que imprimia às minhas vendas, à minha vida. Na segunda semana passei para o cartão 2: *Ordem: auto-organização*. E assim por diante, semana após semana.

Depois que completei a primeira série de treze semanas e recomecei tudo com o meu primeiro assunto — *Entusiasmo* —, senti que tinha mais segurança. Comecei a sentir uma força interna que nunca sentira. A cada semana ganhava uma compreensão mais clara do meu assunto. E mais profunda. Meu trabalho tornou-se mais interessante. Tornou-se excitante!

Ao final de um ano, completei quatro cursos. Passei a fazer, natural e inconscientemente, coisas que não teria tentado um ano antes. Embora estivesse longe de dominar qualquer desses princípios, achei que este plano simples era uma fórmula verdadeiramente mágica. Sem ele, duvido que pudesse ter conservado meu entusiasmo... *e acredito que, se um homem é capaz de sustentar seu entusiasmo por tempo suficiente, será capaz de produzir qualquer coisa!*

O que me espanta é que raramente encontro alguém que não tenha ouvido falar do plano das treze semanas de Franklin, mas nunca encontrei quem me dissesse que o havia experimentado! E, no entanto, perto do fim de sua longa vida, Benjamin Franklin escreveu: "Espero, desta forma, que alguns dos meus descendentes possam seguir meu exemplo e colher o mesmo benefício."

Não sei de nada que um gerente de vendas possa fazer por seus vendedores para assegurar o sucesso deles do que tornar absolutamente obrigatório seguir este plano.

Lembre-se de que Franklin era um cientista. Este plano é científico. Rejeite-o e rejeitará uma das idéias mais práticas que já lhe foram oferecidas. Eu sei. Eu sei o que ele fez por mim. Sei que pode fazer a mesma coisa por qualquer pessoa que experimente segui-lo também. Não é um caminho fácil. *Não há caminho fácil*. Mas é seguro.

OS TREZE ASSUNTOS DE FRANKLIN
(exatamente como ele escreveu e na mesma ordem em que os usou)

1. *Temperança* — Não coma até o embotamento; não beba até a exaltação.

2. *Silêncio* — Não fale senão para beneficiar os outros ou a si próprio; evite conversas frívolas.

3. *Ordem* — Faça com que todas as suas coisas tenham um lugar; e que cada parte do seu trabalho tenha o seu tempo.

4. *Determinação* — Decida realizar o que deve; realize, sem fraquejar, o que tiver decidido fazer.

5. *Frugalidade* — Não faça despesas a não ser para fazer o bem aos outros ou a si próprio; isto é, não desperdice coisa alguma.

6. *Operosidade* — Não perca tempo; esteja sempre realizando algo útil; elimine todas as ações desnecessárias.

7. *Sinceridade* — Não use artifícios lesivos; tenha pensamentos inocentes e justos, e, se falar, que suas palavras também sejam inocentes e justas.

8. *Justiça* — Não faça mal a ninguém, cometendo malefícios ou omitindo benefícios que sejam seu dever conceder.

9. *Moderação* — Evite os extremos; abstenha-se de ficar tão ressentido com as ofensas que porventura receber quanto acha que elas mereceriam.

10. *Limpeza* — Não tolere a falta de limpeza no corpo, nas roupas ou na habitação.

11. *Tranqüilidade* — Não se deixe perturbar por frivolidades ou com acidentes comuns ou inevitáveis.

12. *Castidade* — Use raramente o ato sexual, exceto para a saúde ou a procriação, nunca até o embotamento, fraqueza ou o prejuízo da paz ou reputação, tanto a sua quanto a alheia.

13. *Humildade* — Imite Jesus e Sócrates.

35 UMA CONVERSA ABSOLUTAMENTE SINCERA

SE EU FOSSE seu irmão, eu lhe diria o que vou dizer agora... você não tem mais muito tempo!

Não sei qual é a sua idade, mas vamos supor que, por exemplo, você tenha 35 anos. *É mais tarde do que pensa.* Não se passará muito tempo e logo estará com 40 anos. E depois dos 40 o tempo voa. Eu sei. Estou, agora, no momento em que escrevo, com sessenta e um anos e simplesmente não consigo acreditar que estou com esta idade. Chego a ficar tonto só de pensar como o tempo passou depressa depois que fiz quarenta anos.

Agora que você leu este livro, acho que sei como deve se sentir. Exatamente como eu me sentiria se o estivesse lendo pela primeira vez. Você leu muita coisa e agora pode estar confuso. Não sabe o que fazer a respeito.

Você pode fazer uma das três coisas seguintes:

PRIMEIRO: Nada. Se não fizer nada, ler este livro terá sido uma perda de tempo total.

SEGUNDO: Você pode dizer: "Bem, há um bocado de idéias boas aqui. Farei o melhor que puder a respeito delas."

Se fizer isto, profetizo o fracasso.

TERCEIRO: Você pode aceitar o conselho de uma das maiores cabeças que este continente já produziu, Benjamin Franklin. Sei exatamente o que ele diria se você pudesse sentar-se ao seu lado hoje e pedir-lhe um conselho. Ele lhe diria para pegar uma coisa de cada vez e dar toda a sua atenção durante uma semana para essa coisa, deixando as demais por conta do fluxo normal da vida.

Quer você seja tipógrafo, vendedor, bancário ou doceiro ambulante, vamos presumir que selecione os seus treze assuntos mais adequados. Concentrando-se em uma coisa de cada vez, irá mais longe numa semana do que iria num ano de outra forma. Uma renovada confiança o invadirá. Ao final de treze semanas, sei que você se espantará com o seu progresso. Se os seus amigos, companheiros de trabalho e sua família não lhe disserem que notaram uma grande mudança em você, aí, então, *eu sei*, quando repetir a segunda série de treze semanas, todos verão em você uma pessoa extremamente diferente.

Vou fechar este livro da forma que comecei.

Quando Dale Carnegie me convidou para acompanhá-lo em um *tour* de conferências, a idéia pareceu fantástica; no entanto, quando me defrontei com os jovens daquela instituição, a Câmara Júnior de Comércio, eles me inspiraram tanto que, em pouco tempo, me vi fazendo o que eu pensava que seria impossível, pronunciando três palestras por noite, cinco noites consecutivas, para a mesma platéia em trinta cidades, de costa a costa.

Pareceu-me ainda mais fantástico escrever um livro. Mas comecei. Tentei escrever do jeito que falo, com a lembrança daqueles rostos maravilhosos constantemente me impelindo a continuar. Pois aqui está o livro. Espero que gostem.

Este livro foi composto na tipografia
Times New Roman, em corpo 11,5/15, e impresso em
papel off-set no Sistema Digital Instant Duplex
da Divisão Gráfica da Distribuidora Record.